Nicolas Esposito

Architecture d'égal à égal pour la conception collaborative

Nicolas Esposito

Architecture d'égal à égal pour la conception collaborative

Méthode optimiste de résolution automatique des conflits pour la cohérence de données répliquées

Éditions universitaires européennes

Mentions légales/ Imprint (applicable pour l'Allemagne seulement/ only for Germany)
Information bibliographique publiée par la Deutsche Nationalbibliothek: La Deutsche Nationalbibliothek inscrit cette publication à la Deutsche Nationalbibliografie; des données bibliographiques détaillées sont disponibles sur internet à l'adresse http://dnb.d-nb.de.
 Toutes marques et noms de produits mentionnés dans ce livre demeurent sous la protection des marques, des marques déposées et des brevets, et sont des marques ou des marques déposées de leurs détenteurs respectifs. L'utilisation des marques, noms de produits, noms communs, noms commerciaux, descriptions de produits, etc, même sans qu'ils soient mentionnés de façon particulière dans ce livre ne signifie en aucune façon que ces noms peuvent être utilisés sans restriction à l'égard de la législation pour la protection des marques et des marques déposées et pourraient donc être utilisés par quiconque.

Photo de la couverture: www.ingimage.com

Editeur: Éditions universitaires européennes est une marque déposée de Südwestdeutscher Verlag für Hochschulschriften GmbH & Co. KG
Dudweiler Landstr. 99, 66123 Sarrebruck, Allemagne
Téléphone +49 681 37 20 271-1, Fax +49 681 37 20 271-0
Email: info@editions-ue.com
Agréé: Compiègne, Université de Technologie de Compiègne, thèse de doctorat, 2002

Produit en Allemagne:
Schaltungsdienst Lange o.H.G., Berlin
Books on Demand GmbH, Norderstedt
Reha GmbH, Saarbrücken
Amazon Distribution GmbH, Leipzig
ISBN: 978-613-1-55567-1

Imprint (only for USA, GB)
Bibliographic information published by the Deutsche Nationalbibliothek: The Deutsche Nationalbibliothek lists this publication in the Deutsche Nationalbibliografie; detailed bibliographic data are available in the Internet at http://dnb.d-nb.de.
 Any brand names and product names mentioned in this book are subject to trademark, brand or patent protection and are trademarks or registered trademarks of their respective holders. The use of brand names, product names, common names, trade names, product descriptions etc. even without a particular marking in this works is in no way to be construed to mean that such names may be regarded as unrestricted in respect of trademark and brand protection legislation and could thus be used by anyone.

Cover image: www.ingimage.com

Publisher: Éditions universitaires européennes is an imprint of the publishing house Südwestdeutscher Verlag für Hochschulschriften GmbH & Co. KG
Dudweiler Landstr. 99, 66123 Saarbrücken, Germany
Phone +49 681 37 20 271-1, Fax +49 681 37 20 271-0
Email: info@editions-ue.com

Printed in the U.S.A.
Printed in the U.K. by (see last page)
ISBN: 978-613-1-55567-1

Copyright © 2010 by the author and Südwestdeutscher Verlag für Hochschulschriften GmbH & Co. KG and licensors
All rights reserved. Saarbrücken 2010

Sommaire

Table des figures

Liste des tableaux

Avant-propos

Ces travaux de recherche ont principalement été réalisés au sein du service de recherche [1] de la société Dassault Systèmes [2] dans le cadre d'une bourse CIFRE entre 1999 et 2002. Les résultats de ces travaux ont fait l'objet de deux dépôts de brevet [96, 97].

Note : les figures et les tableaux repris dans ce document et traduits de l'anglais vers le français apparaissent en versions originales en annexe C (page 97).

Je remercie mon directeur de thèse (Michel RIVEILL), les membres du jury pour leur richesse de discussion, ceux qui ont rendu cette thèse possible à Dassault Systèmes (Stéphane DECLÉE, Alan HUDIN et Arnaud RIBADEAU DUMAS), ceux qui ont participé au projet (Valentin CHARTIER, Florent CARPENTIER, Sébastien LAGARRIGUE, Nizar ES-SKALI et Alexandru POPESCU), les relecteurs (Raphaël LEBLANC, Loïc LEFEUVRE, Jean BUFFET, David LESAGE et Danielle ESPOSITO), Nicolas SALZMANN, Renaud SIRDEY et Chrystelle.

---

1. Service Recherche et nouvelles technologies (division Stratégie et recherche, département Recherche et développement).
2. http://www.3ds.com/

Introduction

La conception collaborative représente une nouvelle opportunité pour l'industrie : convevoir un produit depuis des sites distants de façon collaborative. En évitant le déplacement des personnes, on réduit les coûts. On accélère aussi les processus de développement en limitant le temps nécessaire au cycle de conception. Ainsi, les produits sont prêts à être mis sur le marché plus rapidement. On a là une nouvelle méthode de travail pour les entreprises étendues.

Cette thèse se place dans ce cadre et a pour objectif de rendre possible le scénario suivant : concevoir à plusieurs un même modèle[3] à l'aide d'une application de CAO[4], en même temps et grâce à un réseau tel qu'Internet. Il s'agit de conception collaborative[5] (voir tableau 1 [48, 20]) et nous nous intéresserons plus particulièrement à la conception de pièces mécaniques.

	En même temps	À des moments différents
Au même endroit	CAO avec un seul utilisateur	CAO avec gestion de données
À des endroits différents	Conception collaborative	CAO distribuée

TABLE 1 – Utilisation de la CAO à travers le temps et l'espace [48, 20].

Les applications de CAO sont lourdes et complexes, et les architectures collaboratives existantes ne peuvent s'y appliquer[6]. L'ambition de ce projet est donc de proposer une architecture collaborative applicable aux applications de CAO et de ce fait, à toute une gamme d'applications dont le passage en mode collaboratif est loin d'être évident (un tableur complet par exemple,

---

3. Au sens modèle de l'objet qui sera construit.
4. Conception assistée par ordinateur.
5. *Collaborative design* en anglais.
6. Nous allons voir pourquoi.

dont le contenu des cellules peut comporter une sémantique assez complexe).

Pour cela, nous partirons d'une première problématique, le partage de données[7], afin de mettre en évidence les problèmes que cela pose :
- le chapitre 1 présente le contexte de la conception collaborative ;
- le chapitre 2 fait un tour des solutions existantes ;
- le chapitre 3 décrit l'architecture que nous choisissons comme base.

Puis, nous utiliserons ces problèmes comme support de réflexion pour élaborer une méthode de gestion des conflits :
- le chapitre 4 présente le problème de la gestion des conflits ;
- le chapitre 5 est un état de l'art des différents aspects qui sont liés aux systèmes distribués et que nous avons à notre disposition pour résoudre ce problème ;
- le chapitre 6 décrit notre méthode, Coopeer.

Enfin, nous étendrons cette méthode de façon à gérer le groupe de travail et la tolérance aux pannes (chapitre 7) avant de conclure (chapitre 8).

---

7. C'est-à-dire permettre aux multiples instances de l'application présente sur le réseau d'avoir accès aux mêmes données.

.

Chapitre 1

Contexte de la conception collaborative

1.1 Introduction

Dans ce chapitre, nous allons voir en quoi une application de CAO pose problème pour le partage de données, et notamment en ce qui concerne la cohérence de ces données. Nous verrons aussi quelle architecture réseau nous convient le mieux.

1.2 Contraintes liées aux applications de CAO

1.2.1 Introduction

Une application de CAO est un système complexe que nous opposons en cela aux éditeurs de texte et aux tableaux blancs dont le partage des données ne pose plus actuellement de problème majeur.

Une application de CAO permet de concevoir un objet, c'est-à-dire d'en construire un modèle informatique. Les modélisations en 3D [1] de logiciels comme CATIA ou SolidWorks (voir figure 1.1) fournissent une maquette numérique qui remplace les blocs de mousse utilisés auparavant dans les phases de conception.

1.2.2 Poids des données et longueur des calculs

Un moteur d'avion, par exemple, est un objet très complexe, sa maquette numérique peut peser très lourd en mémoire. Certains assemblages peuvent

---

1. Trois dimensions.

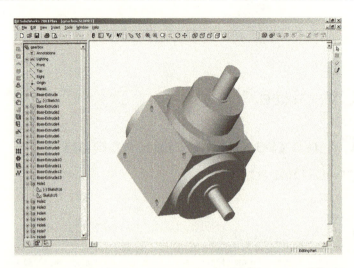

FIGURE 1.1 – SolidWorks, une application de CAO largement diffusée.

atteindre plusieurs centaines de Mo et la mise à jour d'une pièce peut entraî-
ner des temps de calcul pouvant dépasser la minute.

Par conséquent, dans la mesure où le débit entre les machines des participants peut être faible (par exemple, quelques Ko par seconde), il n'est
pas possible de transmettre régulièrement l'ensemble des données sur le réseau dans un contexte de conception collaborative. Chaque participant doit
disposer de l'ensemble des données localement.

1.2.3   Complexité de l'architecture

De nombreux composants interagissent dans une application de CAO.
Citons les principaux (voir figure 1.2) : le modeleur *feature*[2] qui gère les
spécifications de l'utilisateur (nous aborderons ce composant de façon plus
précise dans la section suivante), le solveur de contraintes qui cherche une
solution satisfaisant toutes les contraintes qui ont été posées et le modeleur
géométrique qui gère la représentation tridimensionnelle de l'objet (représentation B-Rep[3]).

---

2. Autrement dit, le modeleur de données.
3. *Boundary Representation.*

Lorsqu'un modèle est mis à jour, le solveur de contraintes intervient pour fixer les valeurs du modeleur *feature* et le modeleur géométrique peut alors construire la représentation géométrique.

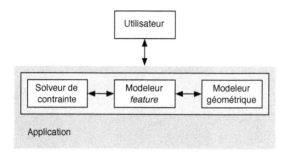

FIGURE 1.2 – Vision simplifiée d'une application de CAO.

1.2.4 Complexité du modèle de données

Beaucoup d'applications de CAO sont basées sur un modèle de données de type prototype-instance. Il s'agit d'un modèle orienté objet particulièrement dynamique. Une instance peut être utilisée pour créer de nouveaux objets, elle est alors considérée comme leur prototype.

On donne le nom de *feature*[4] aux objets. Ils sont agrégés dans un arbre qui contient ainsi toutes les spécifications que l'utilisateur a précisées pour contruire son modèle. Du fait de sa chronologie, cet arbre de construction peut être qualifié d'historique (voir figure 1.3). Il s'agit de la représentation CSG[5] (une description par assemblage de primitives solides élémentaires sur lesquelles on effectue des opérations booléennes).

Au sein d'un tel arbre, les relations sont très nombreuses : héritage dynamique (prototype/instances), relations d'agrégation (hiérarchie de l'arbre), opérations booléennes, relations père/fils (références de construction au niveau *feature* ou géométrique), contraintes (distance, angle, coïncidence, etc.), formules (propriétés dynamiques) et scriptes (méthodes dynamiques).

---

4. Toute personne connaissant un équivalent satisfaisant en français est priée de contacter l'auteur...

5. *Constructive Solid Geometry.*

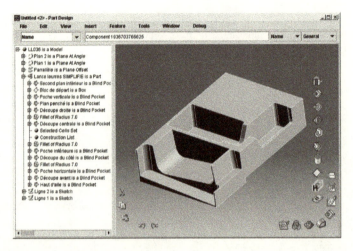

FIGURE 1.3 – Exemple d'arbre de construction avec la géométrie associée.

1.2.5 Nommage générique

Le nommage générique[6] [10, 42, 93] est une bonne illustration de la complexité d'une application de CAO. Il s'agit de ce que nous avons appelé *références de construction au niveau géométrique* dans la section précédente.

Lorsque l'utilisateur ajoute un congé[7] à un cube, il doit préciser l'arête concernée à l'aide de la souris. Or, il n'existe pas dans l'arbre de *feature* correspondant à cette arête. La référence de construction ne se fait donc pas au niveau *feature*, mais au niveau géométrique. Il y a interaction avec le modeleur géométrique pour trouver un nom unique à l'arête en fonction de la géométrie déjà créée. Ce nom est dit générique car il doit être valide quelle que soit la configuration, il doit toujours désigner la même arête.

Ainsi, on fait référence dans le modeleur *feature*, au niveau du *feature* n par exemple (un congé), à de la géométrie qui aura été construite par le modeleur géométrique sur la base des $n-1$ *features* précédents.

Dans la même équipe et parallèlement au projet de conception collaborative, une étude a permis de concevoir un nouveau type de nommage générique.

---

6. *Generic naming* en anglais, ou identification topologique.
7. *Fillet* en anglais, arrondi d'une arête.

L'idée est d'ajouter à un modeleur géométrique existant une couche logicielle de décodage et d'encodage dans un langage de nommage générique universel.

Cela permet notamment les utilisations suivantes :
- l'utilisateur peut spécifier lui-même les noms génériques, sans que le système ne les génère à partir des interactions à la souris ;
- il peut aussi le faire dans un scripte ;
- les noms génériques peuvent traverser le réseau et être compris de la même façon sur une autre machine (ce qui pose problème avec certains types de nommage générique, notamment s'ils se basent sur des identifiants dépendants de l'état du modeleur géométrique) ;
- les noms génériques peuvent être compris de la même façon par un autre modeleur géométrique auquel on aurait ajouté le support du même langage.

Ce type de nommage générique est donc intéressant pour la conception collaborative. Par ailleurs, il se révèle particulièrement puissant et productif. Par exemple, lorsqu'il s'agit de poser des congés sur toutes les arêtes issues de la face supérieure d'un cube sur laquelle on aurait fait de nombreuses rigoles, une seule ligne suffit (voir le champ de saisie de la figure 1.4). Le travail de cette étude fait aussi l'objet d'un dépôt de brevet sous le nom de *Cell Descriptor* [95].

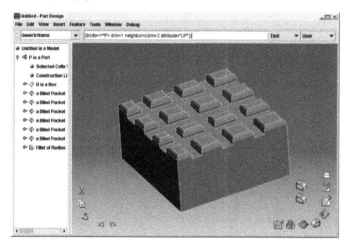

FIGURE 1.4 – Exemple d'utilisation du langage *Cell Descriptor*.

1.2.6 Conclusion

Lors d'une session de travail collaboratif, il n'est pas possible d'échanger en continu les données. Celles-ci doivent être répliquées[8] afin que l'échange d'information se limite à la description des opérations à effectuer pour préserver la cohérence des réplicats.

Cela suppose une organisation particulière en ce qui concerne l'architecture de l'application. Cette dernière doit permettre l'identification d'une opération et de ses arguments d'une part (chez l'auteur de l'opération) et l'exécution de l'opération à partir de cette identification d'autre part (chez les autres utilisateurs).

La complexité du modèle de données et de l'architecture nous place devant un constat simple : il n'est pas possible de prévoir l'impact qu'aura une opération. Il n'est pas possible non plus de partitionner les données (l'arbre de construction) pour éviter la réplication totale car attribuer une partie d'une pièce mécanique à un utilisateur, comme on pourrait le faire avec le paragraphe d'un texte, reviendrait le plus souvent à lui attribuer toute la pièce tant les relations sont nombreuses.

1.3 Gestion de la cohérence de données répliquées

1.3.1 Présentation du problème

On ne peut pas diviser l'arbre en sous parties indépendantes et l'on ne peut donc pas permettre les opérations simultanées.

En effet, toutes les opérations doivent être effectuées exactement dans le même ordre sur toutes les machines, le problème étant d'obtenir strictement le même résultat chez tous les participants. Si deux *features* n'ont pas le même ordre dans l'arbre de construction sur deux machines différentes, le résultat peut ne pas provoquer d'erreur mais être différent. L'état global des données est alors incohérent, les réplicats divergent.

Par exemple, si un utilisateur pose un congé avec propagation selon les tangences (c_1) sur une arête d'un cube et qu'un autre utilisateur pose, au même moment, un autre congé avec propagation minimale (c_2) sur une arête adjacente, on aura finalement, après l'échange des opérations sans utiliser de protocole de gestion de la cohérence, deux arêtes arrondies sur la première

---

8. Les données sont téléchargées sur les machines des participants qui rejoignent la session de conception collaborative.

machine (voir haut de la figure 1.5) et trois sur la seconde (voir bas de la figure 1.5).

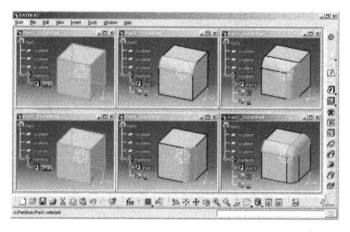

FIGURE 1.5 – Exemple n° 1 de causalité non respectée.

La figure 1.6 présente un exemple plus complet qui montre comment les réplicats peuvent diverger, même si les arêtes sur lesquelles on pose des congés appartiennent à des solides différents. On a dans cet exemple deux solides liés par une opération d'union et un congé sur l'un des deux qui va propager c_1 sur une arête commune aux deux solides. Si c_1 est posé avant c_2, il se propagera deux fois (voir haut de la figure 1.6). S'il est posé après c_2, il se propagera trois fois (voir bas de la figure 1.6).

1.3.2 Contexte social

Le scénario de conception collaborative que nous étudions est proche, au niveau humain, d'une réunion. Dans ce contexte, il y a souvent moins de dix personnes et les participants s'expriment les uns après les autres (sachant que l'un des participants peut animer la réunion, celui qui l'a organisée par exemple).

La session de travail collaboratif s'architecture autour d'une discussion (ils ne parlent pas tous en même temps), comme dans une réunion dont l'objet serait la construction d'une pièce mécanique, le lien social entre les participants pouvant par exemple s'établir grâce à une conférence téléphonique ou vidéo.

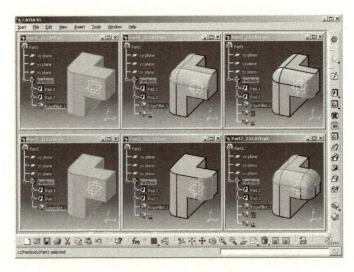

FIGURE 1.6 – Exemple n° 2 de causalité non respectée.

On considère ainsi les opérations simultanées comme des événements relativement peu fréquents et dont les participants pourront comprendre qu'ils nécessitent un traitement particulier [76].

1.4   Architecture réseau

1.4.1   Introduction

Deux grands types d'architectures s'opposent lorsqu'il s'agit de collaborer grâce à Internet : l'architecture client/serveur et l'architecture d'égal à égal [9] (voir figure 1.7).

1.4.2   Client/serveur

L'architecture client/serveur est très répandue sur Internet. Le Web en est sûrement l'exemple le plus évident : les navigateurs envoient des requêtes aux serveurs Web qui leur fournissent des pages HTML et autres éléments

9. On dit aussi pair à pair ou *peer-to-peer* en anglais.

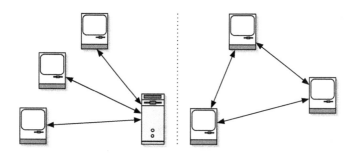

FIGURE 1.7 – Architectures client/serveur et d'égal à égal.

de présentation en retour. Les serveurs hébergent donc des données, mais ils peuvent aussi exécuter des opérations à l'aide par exemple de scriptes CGI ou de *servlets* Java.

Dans notre cas, les données et les traitements doivent se trouver sur les machines clientes (voir section 1.2.2, page 13). Le serveur ne peut donc être qu'un serveur de communication gérant les messages et le groupe de travail.

Du fait de sa topologie, le modèle client/serveur contraint tous les messages à passer par le serveur. Pour qu'un message passe d'un client à un autre, deux transmissions sont ainsi nécessaires : du premier client au serveur, puis du serveur au second client. Il apparaît alors que si le serveur tombe en panne, la session de travail collaboratif ne peut plus continuer. Le serveur en lui-même présente aussi des contraintes : il faut une machine de plus que le nombre de participants, le côté serveur de l'application doit être développé séparément et il doit être administré.

Malgré ces contraintes, l'architecture client/serveur propose aussi des facilités intéressantes. La gestion du groupe de travail peut être centralisée, ainsi qu'une partie de la gestion des messages. De plus, on peut imaginer que le serveur remplisse d'autres services comme la sauvegarde ou la gestion des différentes versions des données. Enfin, les machines clientes ne sont donc pas serveurs, il est inutile d'y ouvrir un port de communication.

1.4.3 D'égal à égal

L'architecture d'égal à égal se passe de serveur central. L'idée est que chaque machine est à la fois cliente et serveur. Cette architecture a principalement été popularisée par Napster [10], une application d'échange de fichiers musicaux. Mais Napster n'est finalement pas une bonne illustration puisqu'un serveur est utilisé comme index afin de référencer les morceaux que possède chaque utilisateur. On dit qu'il s'agit d'une architecture d'égal à égal assistée. Un produit tel que Groove [11], qui propose différentes applications partagées (tableau blanc, éditeur de texte, chat, etc.), est plus proche de notre cas. En effet, Groove ne nécessite pas de serveur, mais peut utiliser un relais pour passer les pares feu.

Les avantages de cette architecture sont particulièrement intéressants : la communication entre les machines est directe, donc rapide ; si l'une des machines tombe en panne, la session de travail collaboratif peut continuer ; on se passe naturellement d'un serveur et du travail qu'il faut lui consacrer.

Mais on ne retrouve pas les facilités de l'architecture client/serveur : il faut mettre en place une gestion distribuée des groupes et des messages, et il faut ouvrir un port de communication sur les machines pour qu'elles soient aussi serveurs.

1.4.4 Comparaison

Le tableau 1.1 compare ces deux architectures en fonction des critères suivants :

- Communication : la transmission des informations est-elle directe ou indirecte ? Si elle est directe (elle ne passe pas par un serveur), elle est donc plus rapide.
- Gestion du groupe : a-t-on des facilités pour gérer le groupe de travail ?
- Tolérance aux pannes : quelle incidence peut avoir une panne sur la session de travail collaboratif ?
- Sécurité : l'architecture nécessite-t-elle une ouverture spécifique pouvant poser des problèmes de sécurité, notamment au niveau d'un éventuel pare feu ?
- Installation : l'ajout de matériel est-il nécessaire ? Un développement spécifique est-il nécessaire pour le serveur ? Y a-t-il des coûts supplémentaires en administration ?
- Gestion des messages : la gestion des messages est-elle centralisée ou distribuée ?

---

10. http://www.napster.com/
11. http://www.groove.net/

	Client/serveur	D'égal à égal
Communication	Transmission indirecte des messages, ils passent tous par le serveur ; deux clients ne peuvent pas dialoguer entre eux directement	Transmission directe des messages ; chaque client connaît les autres clients
Gestion du groupe	Gestion centralisée du groupe	Gestion répartie du groupe
Tolérance aux pannes	La session de travail collaboratif se termine si le serveur tombe en panne	La panne d'une des machines ne pénalise pas la session de travail collaboratif
Sécurité	Les machines des participants ne sont que clientes	Les machines des participants doivent aussi être serveurs
Installation	Un serveur est évidemment nécessaire, il doit faire l'objet d'un développement logiciel spécifique et il doit aussi être administré	Les machines des participants suffisent
Gestion des messages	Le serveur peut faciliter la gestion des messages	Une gestion distribuée sans assistance est nécessaire

TABLE 1.1 – Comparaison des architectures client/serveur et d'égal à égal.

1.4.5 Conclusion

L'architecture client/serveur présente des contraintes fortes sur lesquelles on ne peut pas revenir (communication, tolérance aux pannes et serveur en lui-même). Par contre, les inconvénients de l'architecture d'égal à égal (gestion du groupe, sécurité et gestion des messages) peuvent être contournés si l'on est capable de mettre en place des mécanismes résolvant ces problèmes. Nous choisissons donc cette solution.

Concernant la sécurité, on peut compter sur les administrateurs système des entreprises utilisatrices pour limiter le port dédié à l'application au protocole utilisé. Par ailleurs, nous n'abordons pas ici les problèmes d'authentification et d'encryption ; étant donné le nombre important de solutions existantes, libre à chacun d'utiliser la méthode qui lui convient.

Notons enfin qu'une architecture hybride telle que celle de la figure 1.8 cumule des inconvénients des deux autres types d'architectures (tolérance aux pannes, serveur en lui-même, sécurité et gestion des messages). Nous ne retiendrons donc pas cette solution.

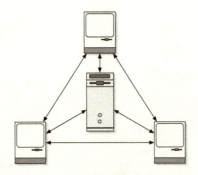

FIGURE 1.8 – Exemple d'architecture hybride.

1.5 Conclusion

On retiendra principalement de ce chapitre que nos données doivent être répliquées, que l'on ne peut pas permettre les opérations simultanées et que nous choississons l'architecure d'égal à égal.

Chapitre 2

Solutions de conception collaborative

2.1 Introduction

Nous présentons ici des solutions de conception collaborative suivant deux approches (voir figure 2.2 [18], spécialisation de la figure 2.1 [59]) : le partage d'application et le partage de données. Nous commençons par les produits commerciaux, les projets de recherche viennent ensuite.

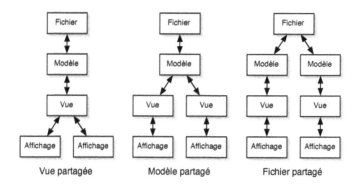

FIGURE 2.1 – Cohérence via partage d'état [59].

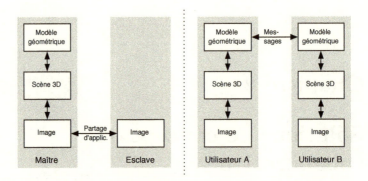

FIGURE 2.2 – Différentes approches pour une conférence de conception [18].

2.2 Produits

2.2.1 Partage d'application

Le partage d'application, avec des technologies telles que NetMeeting de Microsoft ou SameTime de Lotus, permet d'utiliser une même application à plusieurs en même temps. Bien que cette solution présente des limitations majeures (par exemple, tous les participants ont forcément la même vue[1]), elle représente tout de même une approche possible de la conception collaborative. Dans les faits, elle est principalement utilisée pour des scénarios ponctuels d'expertise. Le tableau 2.1 donne quelques exemples de produits utilisant ce mode de collaboration.

Produit	Éditeur	Site Web
Inventor 4	Autodesk	http://www.autodesk.com/
Solid Edge Exchange	EDS	http://www.eds.com/
SolidWorks 2001Plus	SolidWorks	http://www.solidworks.com/

TABLE 2.1 – Exemples de produits utilisant le partage d'application.

---

1. C'est le mode WYSIWIS [77] (*What You See Is What I See*).

2.2.2 Partage de données

Le partage de données nous concerne plus dans le sens où chaque participant dispose de l'application sur sa machine, contrairement au partage d'application où l'on offre un accès multiple à une même application. Dans le partage d'application, on fait une distinction entre la machine maître qui fait tourner l'application et les machines esclaves. Ce n'est pas nécessaire dans le partage de données et on peut ainsi envisager des architectures d'égal à égal. Les solutions commerciales de partage de données présentent de fortes restrictions (voir la synthèse du tableau 2.2), tant en termes de gestion des conflits qu'en termes de fonctionnalités.

Produit	Éditeur	Site Web
Alibre Design	Alibre	`http://www.alibre.com/`
(voir figure 2.3)	Conception collaborative où il faut demander la main sur le modèle pour y apporter des modifications	
IX SPeeD	ImpactXoft	`http://www.impactxoft.com/`
	Conception collaborative dans laquelle chaque participant envoie les modifications de son choix au moment où il le désire ; les participants doivent gérer eux-mêmes les conflits	
OneSpace	CoCreate	`http://www.cocreate.com/`
	Conception collaborative limitée à certains types de modifications sur de la géométrie (à ce niveau, on a perdu les *features*) ; les conflits peuvent provoquer des erreurs et l'intention des participants peut ne pas être respectée	

TABLE 2.2 – Produits permettant la conception collaborative.

2.2.3 Références

Voici une sélection de tests particulièrement intéressants qui présentent des produits de conception collaborative :

- GRECO (Joe), *Real-Time 3D Collaboration*, `http://www.cadenceweb.com/cadscope_zeroing/scopegreco.htm`
- GRECO (Joe), *Alibre Design-Web-Based 3D CAD*, mai 2000, `http://www.cadenceweb.com/2000/0500/cadoptions0500.html`
- ROWE (Jeffrey), *Teamwork 24/7*, juin 2000, `http://www.mcadcafe.com/MCADVision/June2000/Collaboration.html`
- MACKRELL (John), *CoCreate OneSpace*, février 2001, `http://www.deskeng.com/articles/01/Feb/cover/main.htm`
- GRECO (Joe), *The CAD Collaboration Trials*, août 2001, `http://cgw.pennnet.com/Articles/Article_Display.cfm?Section=Articles&`

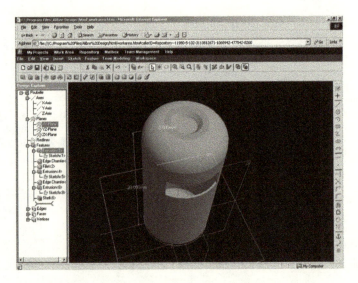

FIGURE 2.3 – Conception d'une poubelle avec Alibre Design.

Subsection=Display&ARTICLE_ID=108469

- GRECO (Joe), *The Best in Class ASPs*, septembre 2001, http://www.cadenceweb.com/2001/0901/issuefocus0901.html
- GRECO (Joe), *IX Speed*, décembre 2001, http://www.deskeng.com/articles/01/dec/cover/main.htm
- GRECO (Joe) et ROWE (Jeffrey), *Simultaneous Product Development With IX SPeeD*, http://www.cadalog.com/articles.php?creview=31_1

2.2.4   Conclusion

Les produits existants de conception collaborative selon l'approche qui nous intéresse (le partage de données) sont assez peu nombreux et ne proposent qu'une collaboration limitée par rapport à notre objectif. Il faut demander la main dans Alibre Design, envoyer soi-même ses modifications dans IX SPeeD et se limiter à certains types de modifications dans OneSpace. Nous voulons ne pas avoir à demander la main, la gestion de la session doit être automatique et toutes les opérations de conception doivent être accessibles.

2.3 Recherche

2.3.1 Introduction

Il existe de nombreux projets de recherche sur le thème de la conception collaborative. Nous en décrivons brièvement 16 dans la section suivante.

2.3.2 Projets

Teledesign [76] :
- année de publication : 1994 ;
- domaine : CAO ;
- architecture : réplication des données sur les clients, traitements sur les clients ;
- approche : accès séquentiel par passage de jeton ou accès simultané avec exécution réversible ;
- niveau de partage : modèle ;
- côté serveur : pas de serveur ;
- côté client : application de CAO et composant de distribution ;
- composant de collaboration : propriétaire.

Co-CAD [29] :
- année de publication : 1994 ;
- domaine : CAO ;
- architecture : réplication des données sur les clients, traitements sur les clients ;
- approche : mécanismes de possession et de permissions d'accès ;
- niveau de partage : objets ;
- côté serveur : gestion des sessions ;
- côté client : application de CAO (basée sur le modeleur géométrique ACIS) ;
- composant de collaboration : ABSI [27].

Atelier de sculpture virtuelle multi-utilisateurs [89] :
- année de publication : 1995 ;
- domaine : sculpture ;
- architecture : réplication des données sur les clients, traitements sur les clients ;
- approche : il faut poser un verrou sur un objet pour le modifier ;
- niveau de partage : objets ;
- côté serveur : gestion des sessions ;
- côté client : application VIPER de sculpture ;

– composant de collaboration : VIPER [88].

Cocadam [38] :
– année de publication : 1996 ;
– domaine : CAO ;
– architecture : réplication des données sur les clients et le serveur, traitements sur les clients ;
– approche : il faut avoir la main sur le modèle pour y apporter des modifications ;
– niveau de partage : modèle ;
– côté serveur : gestion des sessions, gestion de la géométrie, bases de données pour les sessions et la géométrie ;
– côté client : application de CAO (Anvil-5000), base de données pour la géométrie, composants de distribution ;
– composant de collaboration : propriétaire.

DIVEdit [78] :
– année de publication : 1996 ;
– domaine : modélisation 3D ;
– architecture : réplication des données sur les clients, traitements sur les clients ;
– approche : un objet ne peut être modifié que par un participant à la fois ;
– niveau de partage : objets ;
– côté serveur : liste des sessions ;
– côté client : application DIVE de modélisation 3D ;
– composant de collaboration : DIVE [11] (qui utilise ISIS [7]).

Synchronous Collaborative Design [48] :
– année de publication : 1997 ;
– domaine : CAO ;
– architecture : données et traitements sur le serveur ;
– approche : il faut avoir la main sur le modèle pour y apporter des modifications ;
– niveau de partage : application ;
– côté serveur : base de données Postgres, application de CAO (Auto-CAD), outils d'annotation et de suivi des données, espace de travail partagé ;
– côté client : client léger ;
– composant de collaboration : basée sur X Share [53].

ARCADE [79] :

- année de publication : 1997 ;
- domaine : CAO ;
- architecture : réplication des données sur les clients, traitements sur les clients ;
- approche : un objet ne peut être modifié que par un participant à la fois ;
- niveau de partage : objets ;
- côté serveur : gestion des sessions, base de données ;
- côté client : application de CAO propriétaire (basée sur le modeleur géométrique ACIS) ;
- composant de collaboration : propriétaire.

TOBACO [18, 92] :
- années de publication : 1997 et 1999 ;
- domaine : CAO ;
- architecture : réplication des données sur les clients, traitements sur les clients ;
- approche : il faut avoir la main sur le modèle pour y apporter des modifications ;
- niveau de partage : modèle ;
- côté serveur : gestion et historique des sessions ;
- côté client : application de CAO propriétaire [18] (basée sur le modeleur géométrique ACIS) ou AutoCAD augmenté d'une extension [92] ;
- composant de collaboration : **TOBACO** [18].

DCEE [52] :
- année de publication : 1998 ;
- domaine : CAO ;
- architecture : réplication des données sur les clients et le serveur, traitements sur les clients ;
- approche : la sélection d'un objet verrouille celui-ci ;
- niveau de partage : objets ;
- côté serveur : gestion des sessions, bases de données ;
- côté client : environnement collaboratif d'ingénierie ;
- composant de collaboration : propriétaire.

CollIDE [56] :
- année de publication : 1998 ;
- domaine : CAO ;
- architecture : réplication des données sur les clients et le serveur, traitements sur les clients ;

- approche : chacun travaille sur sa partie des données et peut récupérer celle des autres ;
- niveau de partage : pièce d'un assemblage ;
- côté serveur : gestion des sessions, base de données ;
- côté client : application de CAO (Alias Studio) pour éditer ses données, une fenêtre supplémentaire pour visualiser la géométrie partagée ;
- composant de collaboration : GroupKit [71].

CSCW-FeatureM [80] :
- année de publication : 1998 ;
- domaine : CAO ;
- architecture : réplication des données sur les clients, traitements sur les clients ;
- approche : modifications l'un après l'autre en se mettant d'accord par conférence audio, contrôle de la cohérence en fin de session en comparant les historiques ;
- niveau de partage : modèle ;
- côté serveur : pas de serveur ;
- côté client : FeatureM (basé sur le modeleur géométrique ACIS) ;
- composant de collaboration : propriétaire.

Web Based Collaborative CAAD [4] :
- année de publication : 1999 ;
- domaine : architecture ;
- architecture : réplication des données sur les clients et un serveur, traitements sur un ou plusieurs serveurs ;
- approche : chacun travaille sur une partie différente de la structure (avec possibilité de définir des relations entre les différentes parties) ;
- niveau de partage : partie d'une structure ;
- côté serveur : gestion des sessions, modeleurs géométriques Plasm, base de données DB2 pour la persistance et la gestion des accès concurrents ;
- côté client : interface vers Plasm et navigateur Web pour la visualisation (Java et VRML) ;
- composant de collaboration : Shastra [2].

NetFeature [45] :
- année de publication : 1999 ;
- domaine : CAO ;
- architecture : réplication des données sur les clients et le serveur, traitements sur les clients et le serveur ;
- approche : pas de gestion des conflits ;

- niveau de partage : modèle ;
- côté serveur : gestion des sessions, gestion de la géométrie basée sur ACIS, base de données sur un autre serveur ;
- côté client : navigateur Web (visualisation grâce à Java3D) ;
- composant de collaboration : propriétaire.

Collaborative Solid Modelling [12] :
- année de publication : 1999 ;
- domaine : CAO ;
- architecture : réplication des données sur les clients et le serveur, traitements sur les clients et le serveur ;
- approche : il faut avoir la main sur le modèle pour y apporter des modifications, des opérations peuvent être bloquées pour certains utilisateurs, gestion des versions multiples ;
- niveau de partage : modèle ;
- côté serveur : gestion des sessions, gestion de la géométrie ;
- côté client : navigateur Web ;
- composant de collaboration : propriétaire.

webSpiff [90, 91] :
- année de publication : 2000 ;
- domaine : CAO ;
- architecture : données et traitements sur le serveur ;
- approche : les opérations sont sérialisées comme dans le produit Co-Create ;
- niveau de partage : données ;
- côté serveur : gestion des sessions, gestion de la géométrie (Spiff, basé sur ACIS), serveur Web ;
- côté client : navigateur Web (visualisation grâce à VRML et Java3D ou des images fixes) ;
- composant de collaboration : propriétaire.

Syco3D [57] :
- domaine : CAO ;
- année de publication : 2001 ;
- architecture : réplication des données sur les clients, traitements sur les clients ;
- approche : chacun travaille sur sa partie des données et peut récupérer celle des autres ;
- niveau de partage : pièce d'un assemblage ;
- côté serveur : gestion des sessions ;

– côté client : application de CAO propriétaire pour éditer ses données, une fenêtre supplémentaire pour visualiser les données et les structures partagées ;
– composant de collaboration : GroupKit [71].

2.3.3   Conclusion

Le tableau 2.3 (dont le tableau 2.4 est la légende) permet de comparer rapidement les projets évoqués dans la section précédente.

On y remarque un seul projet de partage d'application (Synchronous Collaborative Design, pas de données sur les clients), un seul projet purement client/serveur (webSpiff, uniquement de la géométrie sur les clients), deux projets sans gestion des conflits (CSCW-FeatureM et NetFeature) et deux projets sans serveur (Teledesign et CSCW-FeatureM). Les autres projets se distinguent suffisamment les uns des autres pour que l'on ne puisse pas les classer en catégorie. Par contre, on peut observer une certaine évolution dans le temps.

On peut notamment constater que depuis 1999, les projets se concentrent principalement sur la conception collaborative sur le Web avec partionnement des données entre les participants. Les données et les traitements ont ainsi tendance à passer d'un mode de réplication sur les clients vers un mode plus centralisé.

Il est aussi intéressant de noter que les approches en ce qui concerne la gestion des conflits sont assez contraignantes pour les participants (verrouillage le plus souvent). On imagine aisément qu'avec une méthode de gestion des conflits plus satisfaisante, on revienne vers un modèle répliqué, en se passant de serveur, donc en architecture d'égal à égal. C'est vers cette direction que nous allons.

Projets	An	Dm	Dn	Tr	Ap	Nv	Sr	Cl
Teledesign [76]	1994	C	C	C	V E	M	-	A C
Co-CAD [29]	1994	C	C	C	V	O	S	A
SVMU [89]	1995	S	C	C	V	O	S	A
Cocadam [38]	1996	C	S C	C	V	M	S G B	A B C
DIVEdit [78]	1996	M	C	C	V	O	S	A
SCD [48]	1997	C	S	S	V	A	S B A F	L
ARCADE [79]	1997	C	C	C	V	O	S B	A
TOBACO [18, 92]	97/99	C	C	C	V	M	S H	A
DCEE [52]	1998	C	S C	C	V	O	S B	A
CollIDE [56]	1998	C	S C	C	P	P	S B	A F
CSCW-Feature [80]	1998	C	C	C	-	M	-	A
WBC CAAD [4]	1999	A	S C	S	P	M	S G B	W F
NetFeature [45]	1999	C	S C	S	-	M	S G B	W
CSM [12]	1999	C	S C	S	V	P	S G	W
webSpiff [90, 91]	2000	C	S	S	S	D	S G W	W
Syco3D [57]	2001	C	C	C	P	P	S	A F

TABLE 2.3 – Projets de recherche en conception collaborative.

An	Année de publication	
Dm	Domaine	C pour CAO, S pour sculpture et M pour modélisation 3D
Dn	Données	S pour sur le serveur et C pour réplication sur les clients
Tr	Traitements	S pour sur le serveur et C pour sur les clients
Ap	Approche	V pour verrouillage, P pour partitionnement, S pour sérialisation, E pour exécution réversible et - pour pas de gestion des conflits
Nv	Niveau de partage	O pour objets, M pour modèle, A pour application, P pour pièce d'un assemblage et D pour données
Sr	Côté serveur	S pour gestion des sessions, G pour gestion de la géométrie, B pour base de données, A pour application de CAO ou autre, H pour historique des sessions, W pour serveur Web et - pour pas de serveur
Cl	Côté client	A pour application de CAO ou autre, B pour base de données, C pour composant de distribution, L pour client léger, F pour fenêtre supplémentaire et W pour navigateur Web
SVMU	Sculpture virtuelle multi-utilisateurs	
SCD	Synchronous Collaborative Design	
WBC CAAD	Web Based Collaborative CAAD	
CSM	Collaborative Solid Modelling	

TABLE 2.4 – Légende du tableau 2.3.

Chapitre 3

Une architecture d'égal à égal

3.1 Introduction

Sur la base des conclusions de notre étude, nous avons choisi une solution nous permettant de partager les données d'une application de CAO. Cette infrastructure de communication nous servira notamment de plate-forme de test pour mettre en évidence différents problèmes.

3.2 Premier scénario de collaboration

Le scénario suivant représente le protocole expérimental de base :

1. Un utilisateur décide de partager le modèle sur lequel il est en train travailler.

2. D'autres utilisateurs, qui disposent de la même application, rejoignent la session de travail collaboratif, le modèle est transféré sur leur machine.

3. Les différents participants réalisent localement des opérations sur le modèle, elles sont communiquées aux autres participants.

4. On vérifie manuellement que la cohérence des données est respectée (à la fin de la session, les données doivent être identiques sur toutes les machines).

3.3 Architecture réseau

L'architecture d'égal à égal a été retenue. Conscients des problèmes qu'elle pose en termes de gestion des messages et du groupe de travail, nous nous fixons comme objectif de les résoudre dans la suite de ce travail.

Lorsqu'un utilisateur décide de partager le modèle qu'il est en train d'éditer, celui-ci est mis à disposition sur le réseau. Un autre utilisateur peut alors interroger la machine du premier et choisir de rejoindre la session de conception collaborative. L'ensemble des données constituant le modèle est alors transféré, ainsi que les informations concernant la session (en particulier la liste des participants et l'historique).

Le groupe de travail est donc géré de façon distribuée. Chaque utilisateur dispose de la liste des participants qui est mise à jour de la façon suivante : lorsqu'un participant fourni le modèle à un nouvel arrivant, il informe les autres de son arrivée.

3.4   Transmission des opérations

Les données sont répliquées sur chaque machine. Elles ne circulent pas sur le réseau [1], ce sont les opérations qui y transitent. À chaque fois qu'une opération est exécutée, elle est transmise aux autres machines du groupe de travail. De cette façon, en partant des mêmes données et en y appliquant les mêmes opérations dans le même ordre avec la même application, on devrait obtenir le même résultat.

Les opérations que nous transmettons sont celles qui ont un impact sur les données (par exemple, le changement de point de vue n'est pas envoyé). Nous devons envoyer un identifiant pour l'opération, mais aussi le contexte de son exécution. Par exemple, pour la suppression d'un élément de l'arbre de construction, il faudra envoyer l'identifiant de l'opération de suppression, mais aussi l'identifiant de l'élément qui doit être détruit.

Une opération complexe peut être décrite comme une suite d'opérations élémentaires sur les données. Si une machine ne dispose pas de l'opération, il sera ainsi possible de lui communiquer sa description.

3.5   Composant de partage de données

L'impact au niveau de l'architecture applicative correspond à l'ajout d'un composant de distribution, le Distributeur (voir figure 3.1), qui a les fonctions suivantes :
- – envoi des opérations locales aux autres participants ;
- – réception des opérations des autres participants ;
- – gestion de la session de travail collaboratif (notamment le groupe).

---

1. Sauf lorsqu'un participant rejoint la session.

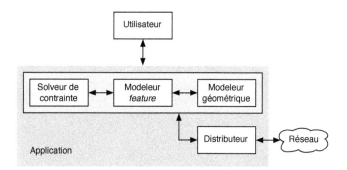

FIGURE 3.1 – Intégration du composant **Distributeur**.

3.6 Conclusion

Notre solution a été implémentée dans une application de CAO existante.

Les avantages de l'architecture d'égal à égal ont été vérifiés (transmission rapide des opérations, pas de serveur à installer ou qui peut tomber en panne) et plus généralement, les problèmes pressentis ont été mis en évidence.

On observe des versions divergentes suite aux événements suivants :

– mauvais ordonnancement des messages ;
– opérations simultanées ;
– connexion au groupe de travail ;
– panne d'une ou plusieurs machines.

C'est donc sur ces points que nous allons travailler afin d'obtenir une nouvelle méthode assurant la cohérence des données répliquées.

Chapitre 4

Problème de la gestion des conflits

4.1 Introduction

Comme nous l'avons vu, nous sommes en architecture d'égal à égal. Les données sont répliquées et les opérations sont échangées entre les participants grâce à un composant de distribution. Ce composant de distribution, qui permet principalement l'envoi à tous les autres participants d'opérations au sein de messages et leur réception, n'apporte pas de propriétés particulière au système. On a notamment aucune assurance sur la fiabilité ou l'ordre des messages. Sur cette base, les tests pratiques de notre implémentation ont permis de valider la présence de deux types de conflits : les conflits d'ordonnancement et les conflits de simultanéité. Dans ce chapitre, nous allons les définir, puis nous préciserons le cadre de notre intervention.

4.2 Conflits d'ordonnancement

Un conflit d'ordonnancement survient lorsqu'au moins deux messages sont reçus par une machine dans un ordre différent de celui de l'émission (voir figure 4.1).

4.3 Conflits de simultanéité

Un conflit de simultanéité survient lorsqu'au moins deux opérations sont effectuées au même moment sur deux machines différentes, c'est-à-dire lorsqu'aucune ne dépend de l'autre (voir figure 4.2).

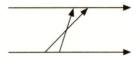

FIGURE 4.1 – Conflit d'ordonnancement.

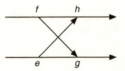

FIGURE 4.2 – Conflit de simultanéité.

4.4 Exemples

Les figures 4.3 et 4.4 présentent les effets des deux types de conflits.

Premier exemple. Le premier participant pose un congé sur une arête (4.3.a). Le second participant ne fait rien (4.3.d). Puis, le premier participant vide la pièce (4.3.b). Le second participant reçoit cette opération (4.3.e). Il ne reçoit le congé qu'après. Les opérations n'ont donc pas été exécutées dans le même ordre et le résultat est différent sur les deux machines.

Second exemple. Au même moment, le premier participant augmente la hauteur de la pièce (4.4.a) et le second participant diminue cette même hauteur (4.4.d). Les opérations sont exécutées localement (4.4.b et 4.4.e). Puis, chaque machine exécute l'opération provenant de l'autre (4.4.c et 4.4.f). Là aussi, le résultat est différent sur les deux machines.

4.5 Ordonnancement et TCP/IP

Les conflits d'ordonnancement sont résolus par TCP/IP si les deux machines utilisent une connexion permanente comme une *socket* (mode connecté). Par contre, ce n'est pas le cas lorsqu'elles sont connectées par intermittence, par exemple grâce à des requêtes XML sur HTTP (mode déconnecté).

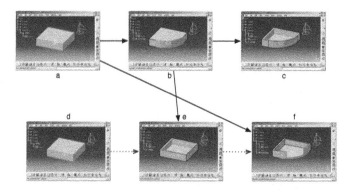

FIGURE 4.3 – Exemple de conflit d'ordonnancement.

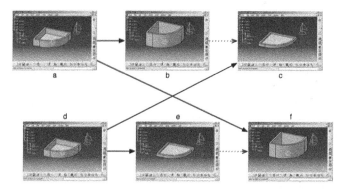

FIGURE 4.4 – Exemple de conflit de simultanéité.

Le problème n'est pas résolu non plus si les messages sont envoyés par plus d'une machine (voir figure 4.5).

4.6 Respect de l'intention de l'utilisateur

En cas d'opérations simultanées, on peut être tenté d'exécuter les opérations dans le même ordre sur toutes les machines, les sérialiser. En architec-

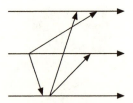

FIGURE 4.5 – Conflit d'ordonnancement avec trois machines.

ture client/serveur, cet ordre peut-être donné par le serveur.

Si la seconde opération provoque une erreur, on peut prévenir son auteur qu'il n'est pas possible de l'exécuter correctement (par exemple : la modification d'un élément après sa suppression). Si elle ne provoque pas d'erreur, il se peut qu'il n'y ait pas de problème, mais il se peut aussi que l'utilisateur constate une différence entre ce qu'il voulait faire et ce qui a effectivement été fait. Dans ce cas, le système ne respecte pas son intention.

La figure 4.6, sur la base des exemples de la section 1.3.1 (page 18), présente un cas d'intention non respectée.

4.7   Contraintes

Voici les contraintes que nous nous fixons pour gérer les conflits :
– gérer les conflits d'ordonnancement ;
– gérer les conflits de simultanéité ;
– résoudre les conflits de façon automatique ;
– ne pas allonger le temps de réponse de l'application, les opérations doivent être exécutées dès qu'elles sont invoquées ;
– ne pas ajouter d'intermédiaire pour la transmission des messages ;
– ne pas augmenter la taille des messages de manière significative ;
– limiter l'ajout de messages en plus de la transmission des opérations ;
– conserver l'architecture d'égal à égal ;
– ne pas tenir compte de la sémantique des opérations ;
– respecter l'intention de l'utilisateur ;

On ajoutera aussi par la suite :
– autoriser la connexion et la déconnexion d'utilisateurs en cours de session ;
– être tolérant aux pannes.

Modèle initial sur le serveur :
les clients 1 et 2 téléchargent
ce même modèle

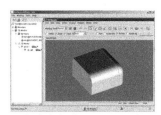

Souhait du client 1 : un congé
qui se propage une fois

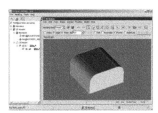

Opération simultanée du client 2 qui
est exécutée avant celle du client 1
sur le serveur (congé de gauche)

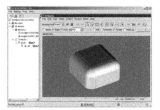

Résultat des deux opérations :
le congé du client 1 se
propage deux fois

FIGURE 4.6 – Exemple de non respect de l'intention de l'utilisateur.

4.8 Autres caractéristiques

Et voici quelques caractéristiques globales du système sur lesquelles nous pourrons compter :

- les participants disposent d'un système de communication qui structure la session autour d'une discussion (voir section 1.3.2, page 19) ;
- ils comprennent ainsi que le système doive parfois intervenir, on pourra par exemple annuler leur dernière opération (cela suppose donc que l'application dispose d'une opération d'annulation[1]) ;
- on accepte aussi que les données soient temporairement différentes d'une machine à l'autre (divergence temporaire possible), pendant quelques opérations par exemple ;

---

1. *Undo* en anglais.

– la transmission des opérations se fait systématiquement vers tous les participants du groupe de travail, il n'y a pas de sous-groupes.

4.9 Conclusion

Les conflits d'ordonnancement et de simultanéité que nous venons de présenter pourraient s'illustrer dans bien des domaines. Le notre, la conception collaborative, nous a permis de caractériser le système auquel doit s'appliquer notre méthode de gestion des conflits.

Chapitre 5

État de l'art

5.1 Introduction

Ce chapitre est un état de l'art des différents aspects qui sont liés aux systèmes distribués et que nous avons à notre disposition pour gérer les conflits. Après avoir introduit les systèmes distribués, nous verrons comment dater les événements. Nous étudierons ensuite les principaux problèmes des systèmes distribués avant de s'intéresser en particulier au contrôle de la concurrence.

5.2 Système distribué/réparti

Le système qui nous concerne (les machines des participants reliées en réseau) est assimilable à un système distribué [46]. Il s'agit en l'occurrence d'un système réparti (en opposition à un système centralisé) dont chaque site est lié à tous les autres (architecture d'égal à égal). Le réseau est donc complètement maillé. En théorie des graphes, on parle de clique [30] (voir figure 5.1 [86]).

Dans un système distribué, on distingue trois types d'événements (voir figure 5.2) :
- les événements internes (e) ;
- les événements d'émission de message (f) ;
- les événements de réception de message (g).

Par ailleurs, on utilise le vocabulaire suivant pour désigner les entités qui s'échangent des messages : processeurs, processus ou sites. Il s'agit pour nous des machines des participants (leur micro-ordinateur, leur station de travail). Les participants, quant à eux, peuvent être définis en tant qu'utilisateurs qui prennent part à une session de travail collaboratif.

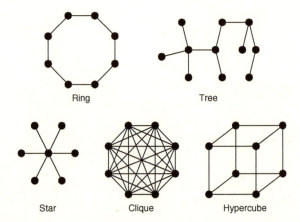

FIGURE 5.1 – Exemples de topologies fréquemment utilisées [86].

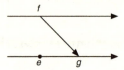

FIGURE 5.2 – Trois types d'événements dans un système distribué.

Dans un tel système, les horloges physiques[1] des machines ne sont pas synchronisées. On ne peut donc pas compter sur ces horloges pour dater les événements. On ne peut pas non plus connaître le temps de transmission d'un message. À défaut de temps physique fiable, il nous faut établir un temps logique. C'est ce que nous verrons dans la section suivante. Nous verrons ensuite quelques-uns des principaux algorithmes distribués avant de s'intéresser plus particulièrement au contrôle de la concurrence.

---

1. Année, mois, jour, heures, minutes, secondes, etc.

5.3 Temps logique

5.3.1 Introduction

Le temps logique est un moyen de dater des événements dans un système distribué quand on ne peut pas utiliser d'horloge physique. De nombreux documents décrivent les différents aspects de cette notion [41, 66, 67, 3, 85, 24, 51].

5.3.2 Dépendance causale

La dépendance causale a été définie dans un article fondateur de Leslie LAMPORT en 1978 [44]. La relation de causalité (noté $\to$ ou *précède*) exprime un ordre partiel entre les événements :

- si e et f sont des événements produits par un même site et si e précède localement f alors $e \to f$;
- si e est l'événement d'émission de m et f est l'événement de réception de m alors $e \to f$;
- si $e \to f$ et $f \to g$ alors $e \to g$.

Il faut aussi noter que la dépendance causale est une dépendance potentielle : si $e \to f$ alors e est susceptible d'influencer f.

En outre, si $\neg(e \to f)$ et $\neg(f \to e)$ alors e et f sont concurrents ($e \parallel f$), ce sont des événements causalement indépendants (aucun des deux n'appartient au passé de l'autre). Cela correspond pour nous à des opérations simultanées.

$$e \parallel f \Leftrightarrow \neg(e \to f) \text{ et } \neg(f \to e)$$

5.3.3 Horloges de Lamport

Les horloges de Lamport sont des horloges logiques issues du même article [44] qui permettent de dater les événements et d'établir un ordre total qui prolonge l'ordre (partiel) de causalité.

Un compteur local est initialisé à 0 sur chaque site. Il est incrémenté de 1 à chaque événement interne ou d'émission de message. Les messages sont estampillés avec ce compteur qui représente leur date d'émission. À la réception d'un message, on met à jour le compteur local en prenant le maximum entre l'estampille et le compteur local, et en ajoutant 1 (voir figure 5.3).

L'ordre obtenu est total en ajoutant l'identifiant du site à l'estampille [44, 63, 64], nous le notons $\to_t$. On a $e \to_t f$ si :

- la date de e est inférieure à la date de f ou ;

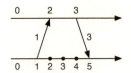

FIGURE 5.3 – Exemple simple d'utilisation des horloges.

– la date de e est égale à la date de f et le site de e est inférieur au site
de f[2].

L'ordre total défini par la relation $\rightarrow_t$ est compatible avec l'ordre partiel de
précédence causale, mais il ne permet pas d'établir une relation de causalité
entre deux événements. Si $e \rightarrow_t f$ alors :

– on peut seulement dire que $\neg(f \rightarrow e)$;
– c'est-à-dire que soit $e \rightarrow f$ soit $e \parallel f$.

5.3.4   Historiques et graphes de dépendance

Une autre solution simple pour établir un temps logique au sein d'un
système distribué consiste à utiliser l'historique des événements comme élément de datation causale (l'historique de e représentant l'ensemble des événements h tels que $h \rightarrow e$). De cette façon, on a :

– $e \rightarrow f \Leftrightarrow e$ appartient à l'historique de f ;
– $e \parallel f \Leftrightarrow e$ n'appartient pas à l'historique de f et f n'appartient pas à
l'historique de e.

Le principal problème de cette technique est que la taille des estampilles
devient de plus en plus importante au fur et à mesure des envois de messages.
On peut alors limiter cette taille en utilisant des graphes de dépendance.
Cela permet de n'envoyer que les identifiants des messages qui précèdent
directement celui qui est à envoyer [60, 36, 37]

5.3.5   Horloges vectorielles

Dix ans après les horloges de Lamport, Colin J. FIDGE [22, 23] et Friedemann MATTERN [50] ont proposé un mécanisme d'horloges vectorielles dont
la taille est limitée.

---

2. Cette dernière relation se fait arbitrairement, par exemple sur les numéros des sites.

L'idée est de remplacer l'historique d'un site par un entier (le nombre d'événements). Les historiques de tous les sites peuvent ainsi être représentés par un vecteur d'entiers dont la taille est égal au nombre de sites (n).

Un vecteur local (v) de taille n est initialisé à 0 sur chaque site. À chaque événement interne, d'émission de message ou de réception de message sur le site s, $v_s[s]$ est incrémenté de 1. Les messages sont estampillés avec ce vecteur qui représente leur date d'émission. À la réception d'un message estampillé avec $v_{s'}$, on met à jour v_s de la façon suivante (voir figure 5.4) :

$$\forall i : v_s[i] = \max(v_s[i], v_{s'}[i])$$

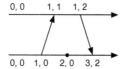

FIGURE 5.4 – Exemple simple d'utilisation des vecteurs.

L'ordre obtenu est partiel [22, 23, 50, 63, 64]. Pour deux vecteurs v et v' de dimension n, on a :

$$v \le v' \;\Leftrightarrow\; \forall i : v[i] \le v[i]$$
$$v < v' \;\Leftrightarrow\; v \le v' \text{ et } v \ne v'$$
$$v \parallel v' \;\Leftrightarrow\; \neg(v < v') \text{ et } \neg(v' < v)$$

Cet ordre coïncide avec la relation de précédence causale entre les événements. Pour e daté par $v(e)$ et f daté par $v(f)$, on a :

$$e \to f \;\Leftrightarrow\; v(e) < v(f)$$
$$e \parallel f \;\Leftrightarrow\; v(e) \parallel v(f)$$

D'autre part, Bernadette CHARRON-BOST a montré en 1991 qu'un ordre partiel ne pouvait pas être caractérisé si la taille des horloges logiques n'était pas au moins égale au nombre de sites. Notons aussi que la mise en œuvre des horloges logiques ne convient pas à toutes les utilisations. Des travaux en ont montré les limitations [16, 25, 69].

5.3.6 Matrices

Les matrices [67, 61, 72, 65, 74, 94, 26] sont un autre type d'horloges logiques.

Une matrice locale (m) de n sur n est initialisée à 0 sur chaque site. À chaque événement interne, d'émission de message ou de réception de message sur le site s, $m_s[s,s]$ est incrémenté de 1. Les messages sont estampillés avec cette matrice qui représente leur date d'émission. À la réception d'un message estampillé avec $m_{s'}$, on met à jour m_s de la façon suivante (voir figure 5.5) :

$$\forall i : m_s[s,i] = \max(m_s[s,i], m_{s'}[s',i])$$
$$\forall i,j : m_s[i,j] = \max(m_s[i,j], m_{s'}[i,j])$$

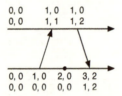

FIGURE 5.5 – Exemple simple d'utilisation des matrices.

Les matrices, plus complètes que les vecteurs, permettent de déterminer la propriété suivante : s peut savoir si tous les autres sites savent que s' a progressé jusqu'au temps t. Cela permet de supprimer de l'information obsolète.

5.4 Problèmes

5.4.1 Exclusion mutuelle

L'exclusion mutuelle permet de s'assurer qu'à un instant donné, un seul site peut entrer en section critique (pour modifier les données par exemple). On peut aussi dire qu'ainsi, les sections critiques sont sérialisées. Pour cela, on peut faire appel au principe des permissions [70, 47] (il faut obtenir la permission de tous les sites pour entrer en section critique) ou au principe du jeton [55, 62] (il faut posséder le jeton pour entrer en section critique ; soit le jeton circule sur un anneau, soit il faut le demander).

5.4.2 Élection

L'élection consiste à choisir un site (un seul parmi un ensemble de sites). Par exemple, en cas de perte de jeton circulant, on peut élire le site qui doit le régénérer [13]. Pour élire le site qui a le plus grand numéro, on procède par filtrage :

- quand un site détecte la perte du jeton, il devient candidat et transmet son numéro ;
- quand un site reçoit ce type de message et que son numéro est supérieur, il fait de même ;
- quand un site reçoit ce type de message et que son numéro est inférieur, il ne fait que retransmettre le message ;
- quand un site reçoit ce type de message et que son numéro est le même, il régénère le jeton.

5.4.3 Terminaison

La détection de la terminaison consiste à détecter la fin d'une activité répartie. Cela revient à observer que tous les sites sont au repos et qu'il n'y a plus de messages en transit.

Par exemple, en utilisant un jeton circulant sur un anneau où les messages ne peuvent pas se doubler, si chacun des sites a été visité deux fois de suite par le jeton et qu'il est resté passif entre les deux passages, on peut affirmer que la terminaison est détectée [54].

Une autre solution [49] consiste à compter le nombre de messages émis (e_s) et reçus (r_s) sur chaque site. Une vague qui visite tous les sites peut ainsi fournir à son initiateur E et R tels que :

$$E = \sum_s e_s \qquad R = \sum_s r_s$$

Avec R' équivalent de R pour la vague précédente, si $E = R'$ alors la terminaison est détectée.

5.4.4 Communication par séquenceur

On peut utiliser un site spécifique pour ordonner les messages, le séquenceur [14, 35]. Tous les messages émis passent par ce séquenceur. Il leur attribue un numéro d'ordre et les transmet à leurs destinataires qui les acceptent selon leur ordre. On garantit ici que l'ordre des messages est préservé entre le séquenceur et les destinataires, mais on ne peut pas garantir la même chose entre les expéditeurs et le séquenceur.

5.4.5   Communication fiable

Pour qu'un protocole de communication soit qualifié de fiable [3], il doit être tolérant aux pannes des sites ou du système de communication (un message envoyé à un groupe de sites doit être reçu par tous les sites de ce groupe qui ne sont pas en panne ou par aucun).

Une solution possible est de procéder en deux phases (préparation puis validation). C'est cette solution qui est mise en œuvre dans ABCAST [6, 7, 8], un protocole de communication fiable du projet ISIS.

La distribution des messages se fait dans le même ordre sur chaque site (l'ordre est total). Chaque message est estampillé avec une date d'émission et un numéro de site émetteur. Cette estampille est provisoire. Les sites qui reçoivent le message le mettent en attente et renvoient un accusé de réception avec une nouvelle estampille (phase de préparation). Lorsque l'émetteur les a tous reçus, il attribue au message une estampille définitive qu'il retransmet aux destinataires (phase de validation). Ces derniers font la mise à jour et peuvent considérer le message comme prêt à être délivré. La livraison des messages prêts se fait dans l'ordre des estampilles définitives. En cas de panne d'un émetteur, il y a élection d'un remplaçant qui doit se charger de reprendre le protocole. L'ordre de réception est uniforme, mais il peut être différent de l'ordre d'émission et le coût de ce protocole est élevé (voir figure 5.6).

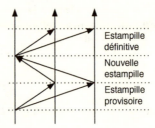

Estampille
définitive

Nouvelle
estampille

Estampille
provisoire

FIGURE 5.6 – ABCAST utilise $3n$ messages pour une émission vers n sites.

5.4.6   Communication causale

L'ordonnancement causal [6, 60, 75, 7, 65, 61] consiste à livrer les messages en suivant l'ordre causal : si le message m est envoyé avant le message m' alors

---

3. *Reliable* en anglais.

m doit être délivré avant m' quel que soit le site de réception. La différence entre la notion de livraison et celle de réception est due au fait qu'un message peut être reçu, puis mis en attente et enfin délivré. Des horloges logiques peuvent alors être utilisées pour connaître les dépendances causales entre les messages. Notons que ce système de liste d'attente résout nos conflits d'ordonnancement (voir figure 5.7).

FIGURE 5.7 – Réception, mise en attente, puis livraison d'un message.

CBCAST [6, 7, 8] est un autre protocole de communication du projet ISIS. CBCAST respecte la dépendance causale. Dans sa première version, l'estampille était basée sur un historique de tous les messages émis ou reçus par l'émetteur. Ensuite, des horloges vectorielles ont été utilisées.

Un vecteur local (v) de taille n est initialisé à 0 sur chaque site. À chaque événement d'émission de message sur le site s, $v_s[s]$ est incrémenté de 1. Les messages sont estampillés avec ce vecteur qui représente leur date d'émission. À la réception d'un message estampillé avec $v_{s'}$, le site destinataire s le met en attente jusqu'à ce que les conditions de livraison suivantes soient remplies :

$$\begin{aligned} v_{s'}[s'] &= v_s[s'] + 1 \\ \forall i \neq s' : v_{s'}[i] &\leq v_s[i] \end{aligned}$$

Après la livraison du message, on met à jour v_s de la façon suivante (voir figure 5.8) :

$$\forall i : v_s[i] = \max(v_s[i], v_{s'}[i])$$

Notons qu'il existe une méthode originale de diffusion ordonnée causalement et totalement basée sur un protocole arborescent [87]. Cette méthode, CTOP, peut être associée à une bibliothèque de réalité virtuelle distribuée illustrant une métaphore de chantier réparti [17] afin de permettre des simulations réparties cohérentes.

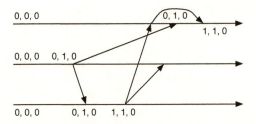

FIGURE 5.8 – Exemple d'exécution de CBCAST.

5.5   Contrôle de la concurrence

5.5.1   Introduction

Contrôler la concurrence revient, dans un système distribué, à se préoccuper des événements concurrents, donc des événements causalement indépendants (voir figure 5.9).

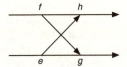

FIGURE 5.9 – Événements concurrents (e et f).

Il existe un nombre important de types de contrôles de la concurrence (voir figure 5.10 [9]). Lorsqu'on fait en sorte qu'aucun événement concurrent ne se produise, la méthode est dite pessimiste. Par contre, lorsqu'on laisse se produire les événements concurrents, qu'on les détecte et qu'on les traite, la méthode est dite optimiste. Il y a un type de contrôle pessimiste qui est centralisé. Celui-la ne nous intéresse pas puisque nous ne souhaitons pas introduire la notion de serveur dans notre architecture. Concernant les contrôles pessimistes décentralisés, on a deux types : ceux qui procèdent par élection [28] et les autres.

Dans le domaine des applications de travail collaboratif, on fait la même distinction entre les méthodes optimistes et pessimistes de contrôle de la

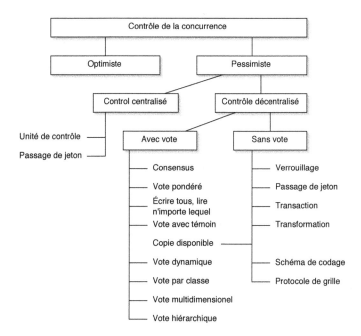

FIGURE 5.10 – Classification des approches de contrôle de la concurrence [9].

concurrence. On parle aussi de méthodes semi optimistes (voir tableau 5.1 [31]).

Niveau d'optimisme	Peut manipuler l'object pendant l'attente de son verrouillage	Peut livrer l'objet modifié pendant l'attente de son verrouillage
Non optimiste	Non	Non
Semi optimiste	Oui	Non
Optimiste	Oui	Oui

TABLE 5.1 – Niveaux d'optimisme pour le verrouillage [31].

5.5.2   Cohérence

La cohérence de données répliquées peut se définir selon différents degrés
[41, 68] : cohérence faible, causale ou forte (voir tableau 5.2 [41]).

Cohérence faible	La mise à jour de toute copie doit avoir lieu au bout d'un temps fini (en pratique, on impose à ce délai une borne supérieure) ; néanmoins, on n'impose pas de contraintes sur l'ordre des mises à jour.
Cohérence causale	Elle complète la cohérence faible par la contrainte suivante : les modifications de toutes les copies doivent être faites dans le même ordre, défini par l'ordre causal des mises à jour.
Cohérence forte	Toute consultation d'une copie quelconque doit refléter le résultat de toutes les modifications antérieures (au sens de l'ordre causal).

TABLE 5.2 – Trois degrés de cohérence [41].

Selon ces définitions, nous sommes concernés par la cohérence faible puisque nous acceptons que les données puissent être temporairement différentes d'une machine à l'autre (voir section 4.8, page 45).

5.5.3   Approches pessimistes

Les méthodes pessimistes de contrôle de la concurrence nécessitent un temps d'attente pour effectuer le verrouillage. On allonge ainsi le temps de réponse de l'application, les opérations ne sont pas exécutées dès leur invocation. Nous ne nous orienterons donc pas vers ce genre de méthode.

5.5.4   Transformation d'opération

La transformation d'opération est une approche optimiste qui garantit une cohérence causale. Elle consiste à sérialiser les opérations concurrentes tout en respectant l'intention de l'utilisateur. L'exemple de la figure 5.11 [82] montre, sur une architecture centralisée, le principe de cette approche. Si les deux opérations concurrentes sont sérialisées sans transformation, le résultat peut être incorrect. Si elles sont sérialisées avec transformation, le résultat est correct. Dans ce cas, l'opération qui arrive en seconde position est transformée pour que son résultat soit conforme à l'intention de l'utilisateur.

Ce type d'approche s'intéresse à la sémantique des opérations (voir figure 5.12). En effet, pour transformer une opération, on doit être capable

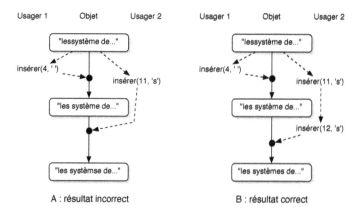

FIGURE 5.11 – Exécution d'opération concurrentes [82].

d'en connaître à l'avance le résultat. Le domaine d'application de cette approche est donc limité et nous ne pourrons pas l'utiliser puisque nous ne sommes pas en mesure de prévoir l'impact d'une opération.

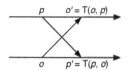

FIGURE 5.12 – Gestion de la concurrence par transformation d'opération.

Les méthodes de transformation d'opération peuvent utiliser différentes techniques de datation. dOPT [19] utilise des horloges vectorielles (cette méthode gère deux opérations concurrentes, mais pas plus). REDUCE [83] et SOCT2 [81, 82] utilisent aussi des horloges vectorielles. Mais LICRA [36, 37] utilise un contexte de dépendance directe.

5.5.5 Exécution réversible

L'exécution réversible [73] est un autre principe pour gérer les opérations concurrentes de façon optimiste. Les opérations sont datées et sont exécutées dans l'ordre de réception. Si une opération conflictuelle est reçue (son estampille est inférieure à l'horloge locale) alors on annule la séquence d'opération en conflit, puis on exécute l'opération et enfin on refait la séquence précédente (voir figure 5.13, le soulignement indique l'annulation de l'opération). Les annulations peuvent être ainsi être fréquentes. On constate par ailleurs que les opérations concurrentes sont sérialisées, ce qui peut être source de non-respect de l'intention de l'utilisateur.

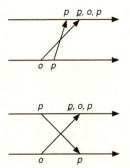

FIGURE 5.13 – Gestion des conflits par exécution réversible.

L'exécution réversible est utilisée dans ORESTE [39] (la méthode de contrôle de la concurrence d'un outil de dessin multi-utilisateur, GroupDesign [40]). ORESTE limite le nombre d'annulations en utilisant la commutativité et le masquage des opérations (on s'intéresse alors à leur sémantique, ce qui nous interdit l'utilisation de cette méthode).

5.5.6 Versions multiples

Une autre possibilité est de créer plusieurs versions des données. Ce concept de versions multiples permet de conserver le travail relatif aux opérations conflictuelles [84].

L'intérêt des versions multiples est aussi de laisser se développer des versions divergentes, par exemple suite à la déconnexion d'un des participants, pour une synchronisation ultérieure ou le choix par les participants d'une des versions.

5.6 Conclusion

Nous avons vu que notre réseau de machines est assimilable à un système réparti. On pourra y établir un temps logique avec une simplification de l'historique. Cette datation nous permettra d'ordonner les messages. Elle nous permettra aussi de détecter les conflits de simultanéité. Mais nous ne connaissons pas de méthode optimiste répondant à nos besoins pour traiter ces derniers.

Chapitre 6

Une méthode de gestion des conflits

6.1 Introduction

Notre méthode de gestion des conflits, Coopeer [1], est décrite dans ce chapitre. Elle s'appuie sur une estampille à double identification et sur une gestion de la simultanéité basée sur des priorités.

6.2 Principes de la méthode

Coopeer peut être vu comme un composant que l'on ajoute à l'architecture d'une application existante (voir figure 6.1), sachant qu'elle dispose déjà d'un composant de distribution comme le Distributeur décrit précédemment. Le Distributeur transmet les messages entrants à Coopeer qui lui renvoie ce qu'il faut faire. Coopeer fournit aussi les estampilles destinées aux messages sortants.

L'estampille ajoutée à chaque message se décompose de la façon suivante (voir figure 6.2) :
- identification de l'opération contenue dans le message :
  - indentifiant d'émetteur (A, B ou C dans nos figures),
  - compteur local d'opération (1, 2 ou 3 dans nos figures),
  - compteur d'annulation (permet de distinguer des opérations qui auraient la même identification, cas présenté un peu plus loin dans les exemples) ;

---

1. Nom inspiré par une courte description de la méthode en anglais : *automatiC cOnflict resOlution for Peer-to-pEer collaborativE woRk* (résolution automatique de conflit pour le travail collaboratif d'égal à égal).

– indentification de l'opération précédente (les mêmes, mais sans le compteur d'opération que l'on obtient en enlevant 1 à celui de l'opération du
message).

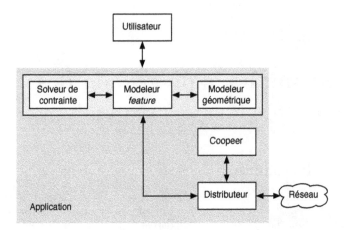

FIGURE 6.1 – Ajout du composant Coopeer.

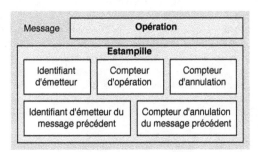

FIGURE 6.2 – Contenu d'un message et de son estampille.

Ainsi, notre estampille est de taille restreinte et fixe, tout en permettant
l'ordonnancement des messages et la détection des opérations simultanées.

On pourra évidemment y ajouter l'information nécessaire pour identifier de façon unique la session de travail collaboratif dont il s'agit. Et si d'autres types de messages sont échangés au cours de cette session, on pourra aussi ajouter une information de typage à cette estampille.

Les messages sont ordonnés de façon simple, grâce à une liste d'attente (voir figure 6.3, A1 désigne l'exécution de l'opération n 1 du participant A et ainsi de suite).

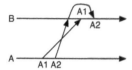

FIGURE 6.3 – Gestion de l'ordonnancement de Coopeer.

Des opérations simultanées peuvent se produire, Coopeer se charge de les gérer sans intervention des participants. Il s'agit donc d'une méthode optimiste et automatique. L'application répond tout de suite, les opérations sont exécutées et éventuellement corrigées. La gestion de la simultanéité se base sur des priorités attribuées aux participants. Celles-ci déterminent l'opération qui sera gardée parmi les opérations simultanées. Dans le cas le plus simple, l'opération du participant non-prioritaire est ignorée alors que l'opération du participant prioritaire nécessite l'annulation de l'opération précédente (voir figure 6.4, A est prioritaire sur B, le soulignement indique l'annulation de l'opération).

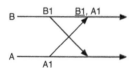

FIGURE 6.4 – Gestion de la simultanéité de Coopeer.

La section 6.4 (page 67) présente des exemples plus complets basés sur l'algorithme de la section suivante. Cet algorithme est présenté de façon non formelle, mais une version en pseudo code se trouve en annexe (annexe A, page 91), ainsi que des arguments de validation (annexe B, page 93).

6.3   Algorithme

6.3.1   Contenu d'un message

- Opération.
- Estampille.

6.3.2   Contenu d'une estampille

- Identifiant d'émetteur.
- Compteur d'opération.
- Compteur d'annulation.
- Identifiant d'émetteur du message précédent.
- Compteur d'annulation du message précédent.

6.3.3   Structures de données pour chaque machine

- Identifiant d'émetteur.
- Historique des messages correspondant aux opérations exécutées.
- Liste de messages en attente.
- Compteur d'annulation.

6.3.4   Émission (l'opération est fournie en entrée)

- Calcul d'une estampille pour l'opération (compteur d'opération = nombre d'opérations dans l'historique).
- Constitution d'un message contenant l'opération et l'estampille.
- Ajout du message à l'historique.
- Retour du message pour qu'il puisse être diffusé aux autres participants.

6.3.5   Réception (le message est fourni en entrée)

- Traitement du message.
- Traitement de chaque message de la liste de messages.

6.3.6   Traitement (le message est fourni en entrée)

- **Si** le compteur est égal au nombre d'opérations dans l'historique + 1 **et si** l'émetteur et le compteur d'annulation du message précédent sont égaux à ceux de la dernière opération de l'historique :
  - Exécution de l'opération.

- **Si** le compteur est inférieur ou égal au nombre d'opérations dans l'historique, **si** la priorité est supérieure à la priorité de l'opération simultanée[2] **et si** l'opération précédente est égale à celle de l'opération simultanée[3] :
  - ○ Demande d'annulation des opérations jusqu'à celle qui est simultanée (incluse).
  - ○ Suppression de ces opérations dans l'historique.
  - ○ **Exécution** du message.
  - ○ Incrémentation du compteur d'annulation.
- **Sinon**, ajout du message à la liste d'attente s'il ne s'y trouve pas déjà.

6.3.7 Exécution (le message est fourni en entrée)

- Demande d'**exécution** de l'opération.
- Ajout du message à l'historique.
- Suppression du message de la liste d'attente s'il s'y trouve.

6.3.8 Note

On peut ajouter à cet algorithme un système de gestion de la liste d'attente pour éviter qu'elle ne croît inutilement.

6.4 Exemples

Dans les exemples des figures 6.5, 6.6, 6.7 et 6.8, A est prioritaire sur B qui est prioritaire sur C. Rappel : le soulignement indique l'annulation de l'opération.

La figure 6.5 présente un exemple simple de combinaison de conflits sur trois machines. La figure 6.6 montre comment une opération ayant le plus haut niveau de priorité peut elle-même être annulée, en l'occurrence A2 sur les machines A et C. La figure 6.7 montre qu'il faut conserver en mémoire les opérations simultanées non-prioritaires, en l'occurrence C2 sur la machine B.

La figure 6.8 présente une évolution de la figure 6.6. Elle montre que plusieurs opérations pourraient avoir la même identification si nous n'avions pas de compteur d'annulation (les compteurs d'annulation à suivre se trouvent en indice). Dans cet exemple, $C3_0$ ne doit pas être exécutée avant $C3_3$ sur B et elle ne doit pas l'annuler sur A.

---

2. n^e opération de l'historique avec n égal au compteur.

3. Même identifiant d'émetteur du message précédent et même compteur d'annulation du message précédent.

A	B	C
Exécution de A1 Diffusion de A1 (estampille = A, 1, 0, -, 0)	Exécution de B1 Diffusion de B1 (estampille = B, 1, 0, -, 0)	
Exécution de A2 Diffusion de A2 (estampille = A, 2, 0, A, 0)	Réception de A1 Annulation de B1 Exécution de A1	Réception de B1 Exécution de B1
Réception de B1 Mise en attente de B1	Réception de A2 Exécution de A2	Réception de A2 Mise en attente de A2
		Réception de A1 Annulation de B1 Exécution de A1
		Exécution de A2 qui était en attente
Historiques de fin de session		
A1, A2	A1, A2	A1, A2

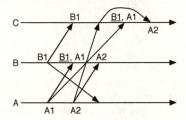

FIGURE 6.5 – Exemple n° 1 de conflits gérés par Coopeer.

A	B	C
	Exécution de B1 Diffusion de B1 (estampille = B, 1, 0, -, 0)	Exécution de C1 Diffusion de C1 (estampille = C, 1, 0, -, 0)
Réception de C1 Exécution de C1	Réception de C1 Mise en attente de C1	
Exécution de A2 Diffusion de A2 (estampille = A, 2, 0, C, 0)		
Réception de B1 Annulation de A2 Annulation de C1 Exécution de B1	Réception de A2 Mise en attente de A2	Réception de A2 Exécution de A2
		Réception de B1 Annulation de A2 Annulation de C1 Exécution de B1
Historiques de fin de session		
B1	B1	B1

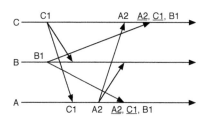

FIGURE 6.6 – Exemple n° 2 de conflits gérés par Coopeer.

A	B	C
Exécution de A1 Diffusion de A1 (estampille = A, 1, 0, -, 0)	Exécution de B1 Diffusion de B1 (estampille = B, 1, 0, -, 0)	
		Réception de B1 Exécution de B1
Réception de B1 Mise en attente de B1	Exécution de B2 Diffusion de B2 (estampille = B, 2, 0, B, 0)	Réception de A1 Annulation de B1 Exécution de A1
		Exécution de C2 Diffusion de C2 (estampille = C, 2, 1, A, 0)
Réception de C2 Exécution de C2	Réception de C2 Mise en attente de C2	Réception de B2 Mise en attente de B2
Réception de B2 Mise en attente de B2	Réception de A1 Annulation de B2 Annulation de B1 Exécution de A1	
	Exécution de C2	
Historiques de fin de session		
A1, C2	A1, C2	A1, C2

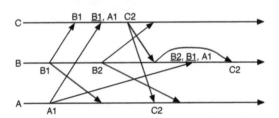

FIGURE 6.7 – Exemple n° 3 de conflits gérés par Coopeer.

A	B	C
	Exécution de B1 Diffusion de B1 (estampille = B, 1, 0, -, 0)	Exécution de C1 Diffusion de C1 (estampille = C, 1, 0, -, 0)
Réception de C1 Exécution de C1	Réception de C1 Mise en attente de C1	
Exécution de $A2_0$ Diffusion de $A2_0$ (estampille = A, 2, 0, C, 0)		
	Réception de $A2_0$ Mise en attente de $A2_0$	Réception de $A2_0$ Exécution de $A2_0$
Réception de B1 Annulation de $A2_0$ Annulation de C1 Exécution de B1		Exécution de $C3_0$ Diffusion de $C3_0$ (estampille = C, 3, 0, A, 0)
Exécution de $A2_2$ Diffusion de $A2_2$ (estampille = A, 2, 2, B, 0)		Réception de B1 Annulation de $C3_0$ Annulation de $A2_0$ Annulation de C1 Exécution de B1
	Réception de $A2_2$ Exécution de $A2_2$	Réception de $A2_2$ Exécution de $A2_2$
	Réception de $C3_0$ Mise en attente de $C3_0$	Exécution de $C3_3$ Diffusion de $C3_3$ (estampille = C, 3, 3, A, 2)
Réception de $C3_3$ Exécution $C3_3$	Réception de $C3_3$ Exécution $C3_3$	
Historiques de fin de session		
B1, $A2_2$, $C3_3$	B1, $A2_2$, $C3_3$	B1, $A2_2$, $C3_3$

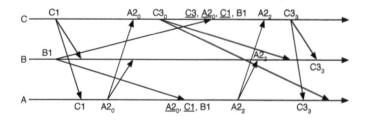

FIGURE 6.8 – Exemple n° 4 de conflits gérés par Coopeer.

6.5   Gestion des priorités

La fonction qui renvoie la priorité d'un message se base sur l'identifiant d'émetteur de ce message. Elle peut être implémentée selon de nombreuses approches.

En voici quelques-unes :
– ordre alphabétique ;
– ordre d'arrivée dans la session ;
– ordre défini par les participants, notamment par rapport à leur fonction ;
– priorités en fonction des conditions de connexion.

Les priorités en fonction des conditions de connexion nécessitent de connaître tous les participants possibles avant le début de la session de travail collaboratif. On analyse les performances du réseau d'égal à égal ainsi formé et l'on obtient une note qui détermine la priorité de chaque participant sur les autres. On pourra par exemple utiliser les critères du tableau 6.1 et faire la moyenne de ses quatre valeurs pour obtenir une note. En cas d'équivalence, on pourra coupler ce calcul des priorités avec l'une des autres stratégies citées auparavant. L'intérêt de cette approche est de permettre de favoriser les participants qui disposent de bonnes conditions de connexion.

	Moyenne	Écart type
Temps de latence	x_1	x_2
Débit	x_3	x_4

TABLE 6.1 – Exemple de critères pour calculer une priorité en fonction des conditions de connexion.

6.6   Impact sur l'interface utilisateur

Coopeer est une méthode optimiste, il n'est donc pas nécessaire de verrouiller les données et de demander la main sur le modèle à chaque fois que l'on souhaite y apporter une modification. D'autre part, l'utilisation de Coopeer au sein d'une application est transparente pour les participants en ce qui concerne les conflits d'ordonnancement (voir figure 6.9). Et dans le cas des conflits de simultanéité, l'affichage d'une boîte de dialogue peut prévenir les participants non-prioritaires qu'une ou plusieurs opérations vont être annulées ; le participant prioritaire n'est pas concerné pas cet impact (voir figure 6.10, A est prioritaire sur B).

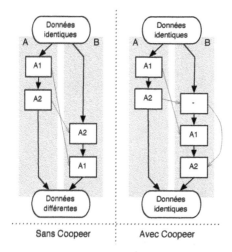

FIGURE 6.9 – Impact de la gestion de l'ordonnancement sur l'interface utilisateur.

6.7 Applications et extensions

La méthode que l'on vient de présenter s'applique donc au domaine de la conception collaborative en architecture d'égal à égal. Mais elle peut aussi s'appliquer à tout type d'application collaborative complexe, principalement si les données sont organisées de façon temporelle ou s'il existe de nombreuses relations entre les données. Le fait de ne pas s'intéresser à la sémantique des opérations permet une intégration rapide de la méthode dans la mesure où l'application fonctionne par exécution d'opérations identifiables et où elle dispose de la capacité d'annulation des opérations.

Une telle méthode peut également servir de base à la mise en place d'un suivi automatique des sessions de travail collaboratif. Par exemple, dans le cadre d'un assemblage collaboratif de pièces mécaniques, une machine plus puissante que les autres pourra se charger de faire une analyse d'interférence en temps réel. De façon plus générale, une machine pourra aussi être utilisée pour gérer la persistance de la session : sauver les données et toutes les interactions au cours de la session pour fournir automatiquement un rapport à la fin.

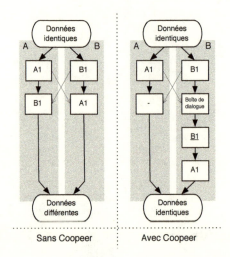

FIGURE 6.10 – Impact de la gestion de la simultanéité sur l'interface utilisateur.

L'architecture réseau elle-même peut évoluer. Cette même gestion des conflits a notamment été adaptée à l'architecture client/serveur décrite dans la section 1.4.2 (page 20).

Enfin, le principe de non simultanéité peut être remis en cause si l'on peut identifier des sous-systèmes indépendants, c'est-à-dire des sous-ensembles de données qui ne sont pas liés [4]. C'est ce qu'on pourra faire par exemple dans des scénarios d'assemblage où les pièces n'ont pas d'autres relations que de faire partie du même produit. On ajoutera alors un identifiant de sous-système dans l'estampille.

6.8   Résultats

La méthode décrite ici respecte les contraintes que nous nous sommes fixées (sachant que la gestion du groupe de travail et la tolérance aux pannes sont traitées dans le chapitre suivant). Lorsqu'un conflit de simultanéité in-

---

4. Comme peuvent l'être les calques, ou couches, dans un logiciel de dessin en 2D.

tervient, on peut remarquer qu'il y a toujours une opération qui est exécutée
(le travail continue) et que cela n'a pas d'impact sur le participant prioritaire.
De plus, la liberté d'implémentation de la fonction de calcul des priorités ainsi
que les différentes adaptations possibles laissent entrevoir une large ouverture.

Coopeer a été intégré dans une application de CAO existante (voir figure 6.12), dans la continuité du travail sur l'infrastructure de communication, et une fenêtre de contrôle a été ajoutée pour suivre l'activité de l'algorithme (voir figure 6.11). La version client/serveur a été implémentée pour
une application d'annotation collaborative 3D (voir figure 6.13).

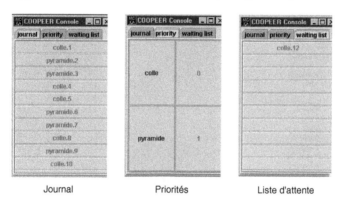

FIGURE 6.11 – Les trois onglets de la fenêtre de contrôle de Coopeer.

Par ailleurs, un lecteur de scénarios a permis de valider un nombre important de situations critiques, notamment celles qui sont issues des exemples de
ce même chapitre (section 6.4, page 67). Les tests pratiques, principalement
basés sur la conception collaborative d'un piston, ont validé notre approche
par rapport à l'implication des participants. Les conflits ont principalement
lieu dans la phase de découverte de l'outil, quand les utilisateurs font le tour
des possibilités. Ensuite, lorsqu'il s'agit de concevoir la pièce, les conflits se
font plus rares et leur traitement est bien accepté.

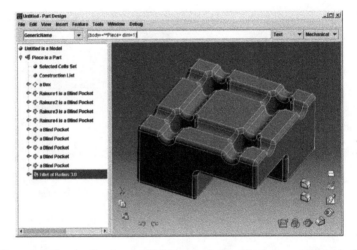

FIGURE 6.12 – Application de CAO au sein de laquelle Coopeer a été intégré.

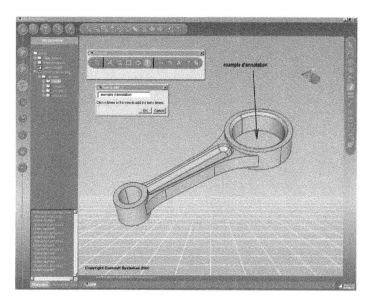

FIGURE 6.13 – Application d'annotation collaborative 3D.

Chapitre 7

Gestion du groupe et tolérance aux pannes

7.1 Préambule

Nous définissons, pour traiter les problèmes de la gestion du groupe et de la tolérance aux pannes, deux nouveaux types de message. Un *avis* est un message qui n'est pas pris en compte par la gestion des conflits. Et une *notification* est un message qui est pris en compte par la gestion des conflits, mais qui n'est pas une opération de l'application collaborative.

7.2 Tolérance aux pannes

7.2.1 Présentation du problème

Tel que décrit précédemment, Coopeer fonctionne en ignorant le problème des pannes. Afin de placer la méthode dans un cadre plus réaliste (notamment celui d'Internet) si on ne dispose pas d'une couche de communication fiable, nous lui ajoutons un mécanisme de tolérance aux pannes.

On distingue différents types de pannes (voir figure 7.1 [34]) :
- *panne franche* : panne qui rend définitivement 81 le système inopérant ;
- *panne par omission* : panne liée au fait que le système perd un message ;
- *panne de temporisation* : panne due à une réponse en avance ou en retard ;
- *panne byzantine* : panne provenant du comportement arbitraire du système.

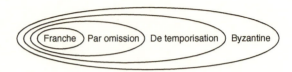

FIGURE 7.1 – Classification des pannes [34].

Dans le contexte de notre étude, les pannes peuvent être très variées, en voici quelques-unes :
- un message ne peut pas être envoyé ;
- un message ne peut pas être reçu ;
- un message a été perdu sur le réseau ;
- un message a été dupliqué ;
- un message a été modifié ;
- un message parasite a été créé.

Les causes de ces pannes peuvent aussi être nombreuses :
- panne de la machine ;
- erreur dans l'application ;
- erreur dans le système d'exploitation ;
- virus ;
- panne matérielle de la carte réseau ;
- câble réseau débranché ou non fonctionnel ;
- rupture de liaison sur un autre câble du réseau ;
- panne d'un matériel du réseau ;
- erreur logicielle dans un matériel du réseau ;
- erreur dans le protocole de communication ;
- piratage.

7.2.2 Solutions

Nous avons vu qu'un moyen de fiabiliser une communication est de procéder en deux phases (voir section 5.4.5, page 54). L'inconvénient de ce type d'approche est principalement lié au nombre de messages nécessaires ($3n$).

On peut aussi vouloir détecter une erreur de communication en envoyant régulièrement des messages de contrôle ou en demandant des accusés de réception (mais là aussi, on ajoute des messages). On pourra déclarer une machine en panne après un certain nombre de communications infructueuses [14].

Lorsque l'on a détecté une machine en panne, on peut envoyer aux autres les derniers messages qu'elle nous a envoyés au cas où elles les auraient ratés à cause de la panne. On peut aussi se mettre d'accord avec les autres pour exclure la machine en panne [21]. Nous proposons une approche légèrement différente.

Et lorsqu'il semble manquer une opération (par exemple, on a A1 et C3 mais pas B2), on pourra la demander aux autres [14, 37].

7.2.3   Un mécanisme de tolérance aux pannes

Notre point de vue est de constater une erreur à l'envoi d'un message (il s'agit de traiter le retour de la couche de communication en cas d'échec) et de faire appel aux autres machines si on estime qu'il nous manque un message. Voir l'algorithme de la section suivante qui vient enrichir le Distributeur décrit au début de ce document. Notons qu'une machine en panne pourra se reconnecter simplement en rejoignant le groupe de travail à nouveau.

7.2.4   Algorithme

Si une erreur se produit à l'envoi d'un message :
- Le message est mis en attente pendant t_1 secondes.
- Tentative de réémission toutes les t_2 secondes.
- **Si** au bout de t_3 secondes, il n'est toujours pas parti :
  - ○ La machine destinatrice est considérée comme en panne.
  - ○ Envoi d'un avis d'exclusion aux autres machines qui la considéreront aussi comme en panne.

Si la liste d'attente de Coopeer contient plus de n messages **ou si** aucun message n'a été reçu depuis t_4 secondes de la part d'une des machines qui ne sont pas considérées comme en panne :
- Diffusion d'un avis de recherche de message (cet avis contient toutes les identifications des messages reçu).
- Les autres machines envoient, s'il y en a, les messages dont elles disposent et qui ne figurent pas dans l'avis de recherche.

7.2.5   Exemple

L'exemple de la figure 7.2 présente la panne de C qui a juste le temps d'envoyer C2 à B. Ne recevant rien de C, A diffuse un avis de recherche et B lui communique le message manquant. Grâce à l'avis, A constate la panne de C (pour simplifier l'exemple, il n'y a qu'une seule tentative) et diffuse un avis d'exclusion. B exclut ainsi C et ne diffuse sa nouvelle opération qu'à A. On a finalement sur A et B : A1, C2, B3, B4.

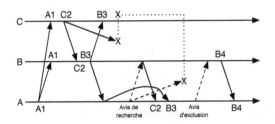

FIGURE 7.2 – Exemple de panne gérée par Coopeer.

7.2.6 Conclusion

Nous proposons un mécanisme simple de tolérance aux pannes qui, grâce aux multiples tentatives, permet de masquer les pannes temporaires et courtes. D'autre part, les avis d'exclusions permettent de rapidement synchroniser le groupe suite à une panne et les avis de recherche permettent une récupération des éventuels messages perdus.

7.3 Gestion du groupe

7.3.1 Présentation du problème

Le problème principal de la gestion du groupe de participants concerne la connexion en cours de session : un nouveau participant peut rater des opérations. La figure 7.3 le montre sur la base d'un protocole simple. Suite à l'échange de A1 et B2 entre A et B, C (qui désire se connecter) envoie un avis de connexion à A. Ce dernier lui renvoie les données et informe B de son arrivée, mais pendant ce temps, B a diffusé B3, uniquement vers A puisqu'il n'avait pas encore connaissance de l'arrivée de C. Ensuite, B diffuse B4 (à A et C cette fois), mais C ne peut pas l'exécuter puisqu'il lui manque B3.

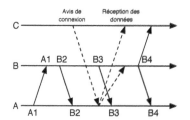

FIGURE 7.3 – Exemple d'opération ratée par un nouveau participant.

7.3.2 Solutions

Deux solutions sont proposées pour LICRA[1] [37]. La première consiste à faire une pause dans la session afin d'accueillir un nouveau participant (par exemple en utilisant en algorithme de terminaison, voir section 5.4.3 page 53).

La seconde solution évite d'interrompre la session en introduisant un état dit *semi actif*. Le nouveau participant se voit attribuer un *parrain* suite à une requête de participation. Le nouvel arrivant est alors en état semi actif, il ne peut pas être l'auteur d'une opération. Son parrain lui envoie les données et lui transmet les messages provenant des autres participants. Quand le nouveau participant reçoit un message d'un autre, il en informe le parrain qui arrête alors la transmission des messages pour ce participant. Quand le parrain a reçu des acquittements pour tous les autres participants, il envoie un événement de fin de parrainage qui indique le passage en état actif.

Notons qu'on pourrait simplifier le système des acquittements en les faisant envoyer directement par les autres participants.

7.3.3 Deux mécanismes de connexion

Nous proposons deux autres mécanismes de connexion en cours de session. Le premier consiste à utiliser le protocole simple de la figure 7.3 en comptant sur le mécanisme de tolérance aux pannes pour récupérer les opérations manquantes. La figure 7.4 illustre cela. C dispose de B4, mais ne peut pas l'exécuter. Il envoie alors un avis de recherche à B qui lui renvoie B3. C l'exécute et peut ainsi exécuter B4.

---

1. Méthode de gestion de la concurrence par transformation d'opération.

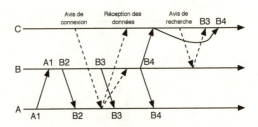

FIGURE 7.4 – Exemple de récupération d'une opération manquante.

Notre second mécanisme repose sur l'utilisation de la machine prioritaire qui diffuse une notification de connexion prioritaire sur toutes les opérations (voir l'algorithme de la section suivante). Notons que, si la machine prioritaire est en panne, la machine venant après dans l'ordre des priorités devient prioritaire.

7.3.4 Algorithme de notre second mécanisme

- Le nouveau participant envoie un avis de recherche de la machine prioritaire à l'un des participants qui lui renvoie l'information.
- Le nouveau participant envoie une notification de connexion au participant prioritaire.
- Ce dernier diffuse aux autres la notification (message estampillé qui peut annuler des opérations simultanées) et renvoie les données de la session au nouveau participant.
- Le nouveau participant est alors prêt et les autres ont connaissance de sa participation à la session.

7.3.5 Exemple pour notre second mécanisme

L'exemple de la figure 7.5 montre une opération simultanée (B3) à une notification de connexion (celle de C, envoyée par A). On constate alors qu'à la réception de la notification (A3), B annule B3 puisque A3 est prioritaire, exécute A3 et diffuse correctement B4 vers A et C.

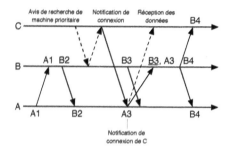

FIGURE 7.5 – Exemple d'opération ratée qui est annulée.

7.3.6 Conclusion

Nous avons évoqué quatre mécanismes de connexion en cours de session. Le premier nécessite une pause dans la session. Le deuxième nécessite de passer par un état semi actif. Le troisième est transparent mais fait intervenir la tolérance aux pannes. Le quatrième, quant à lui, profite des priorités de Coopeer pour annuler les opérations qui pourraient manquer au nouveau participant.

Chapitre 8

Conclusion

8.1 Bilan

Coopeer est une méthode de gestion des conflits originale et particulièrement adaptée au travail collaboratif.

Reprenons les critères de notre étude des projets de recherche en conception collaborative (voir section 2.3.2, page 29) pour qualifier notre méthode :
- domaine : CAO et autres applications complexes ;
- architecture : réplication des données sur les clients, traitements sur les clients ;
- approche : méthode optimiste de résolution automatique des conflits s'appuyant sur une estampille à double identification et sur une gestion de la simultanéité basée sur des priorités ;
- niveau de partage : modèle ;
- côté serveur : pas de serveur ;
- côté client : application de CAO augmentée d'un composant de distribution, d'un composant de gestion des conflits et d'une fenêtre de contrôle ;
- composant de collaboration : Coopeer.

Nous pouvons aussi reprendre les contraintes que nous nous sommes fixées dans la section 4.7 (page 44) de la même façon :
- les conflits d'ordonnancement sont gérés ;
- les conflits de simultanéité sont gérés ;
- les conflits sont résolus de façon automatique ;
- les opérations sont exécutées dès qu'elles sont invoquées, le temps de réponse de l'application n'est pas allongé (il s'agit d'une méthode optimiste, les opérations peuvent éventuellement être annulées) ;

- les messages sont transmis directement ;
- la taille des messages n'augmente que très peu ;
- concernant la gestion des conflits, aucun message n'est ajouté ;
- architecture d'égal à égal, pas de serveur ;
- on ne tient pas compte de la sémantique des opérations ;
- l'intention de l'utilisateur est respecté (soit une opération n'est pas annulée, soit elle est annulée, mais elle n'est jamais exécutée dans de mauvaises conditions) ;
- la connexion et la déconnexion de participants en cours de sessions sont possibles ;
- un mécanisme de tolérance aux pannes apporte une certaine robustesse à la méthode.

8.2   Perspectives

Coopeer est en cours d'intégration dans un produit de Dassault Systèmes qui utilise une architecture d'égal à égal et l'on peut déjà prévoir quelques-uns des besoins qui seront exprimés par les clients. Nous en avons principalement identifié trois.

Le premier concerne l'utilisation nomade. Lorsqu'un des participants quitte le groupe pour effectuer un déplacement, il pourra vouloir continuer à travailler sur les données pendant son trajet, en mode déconnecté. Il s'agit donc d'étendre la méthode avec une gestion de la synchronisation des versions divergentes.

Le deuxième point concerne la persistance des données relatives aux sessions de travail collaboratif. On ne parle pas seulement des données de CAO, mais aussi des données liées à l'activité collaborative des participants : l'historique complet de ce qui a été fait, l'historique des messages échangés, les annotations, différents états des données de CAO et des métas données comme le problème exposé, la solution trouvée, des explications et des commentaires. Il convient donc de se demander comment collecter ces données, comment les représenter et où les stocker.

Le dernier point concerne la distribution des ressources en architecture d'égal à égal. Pour effectuer une opération, un participant peut faire appel à une ressource dont les autres participants ne disposent pas forcément. Par exemple, il peut appliquer une texture provenant de son disque dur. Les autres participants n'en disposant pas, il ne pourront pas exécuter l'opération. On peut alors imaginer une approche voisine de celle des services Web[1] avec un

---

1. http://www.w3.org/2002/ws/

annuaire (UDDI), un langage de description de services/ressources (WSDL) et un langage d'interrogation (SOAP), mais en architecture d'égal à égal. Nous pouvons aussi envisager d'autres types de ressources, et notamment du code. En effet, un participant peut exécuter une macro opération [2] sans que les autres n'en disposent localement. On peut aussi imaginer qu'un participant exécute une opération dont le code n'est présent que sur sa machine. Alors, il faut transmettre du code sur le réseau (comme c'est le cas en ce qui concerne les agents mobiles [33]) et l'intégrer dynamiquement dans l'application hôte [5]. Ce code peut même représenter des composants. Si une opération fait appel à un composant qui n'est pas présent sur la machine, il faudra aussi l'intégrer dynamiquement [32]. Un protocole est ainsi nécessaire afin de permettre un tel partage de ressources. Les problématiques sont nombreuses. Comment tenir compte des caractéristiques des machines et du réseau ? Comment impliquer l'utilisateur ? Comment traiter les différences de versions des ressources ? Comment gérer les problèmes liés aux licences logicielles ?

---

2. Une séquence d'opérations enregistrée au préalable.

Annexe A

Algorithme en pseudo code

Types de données utilisés :
- M = [O, E]
  Message = [opération, estampille] ;
- E = [I, C, CA, IP, CAP]
  Estampille = [identifiant, compteur, compteur d'annulation, identifiant
            précédent, compteur d'annulation précédent].

Structures de données pour chaque machine :
- I   = monId pour l'identifiant ;
- H   = []   pour l'historique (liste de messages) ;
- L   = []   pour la liste des messages en attente ;
- CA = 0   pour le compteur d'annulation.

Notes sur les listes :
- les éléments d'une liste de taille n sont numérotés de 1 à n ;
- une liste renvoie sa taille à l'appel de sa méthode taille() ;
- une liste renvoie son dernier élément à l'appel de sa méthode dernier() ;
- une liste renvoie si oui ou non elle contient un élément à l'appel de sa
  méthode contient().

```
emission(O)
    E = [I, H.taille() + 1, CA, H.dernier().E.I, H.dernier().E.CA]
    M = [O, E]
    H = H + M
    retour de M

reception(M)
    AF = traitement(M)   // Liste de choses à faire
    pour i allant de H.taille() à 1
        AF = AF + traitement(L[i])
    retour de AF

traitement(M)
    AF = []
    si M.E.C = H.taille() + 1 et
            M.E.IP = H.dernier().E.I et M.E.CAP = H.dernier().E.CA alors
        AF = AF + executer(M)
    sinon si M.E.C <= H.taille() et priorite(M.E) > priorite(H[M.E.C].E) et
            M.E.IP = H[M.E.C].IP et M.E.CAP = H[M.E.C].CAP alors
        pour i allant de H.taille() à M.E.C
            AF = AF + defaire(H[i].O)
            H = H - H[i]
            executer(M)
            CA = CA + 1
    sinon si non L.contient(M) alors
        L = L + M
    retour de AF

executer(M)
    H = H + M
    si L.contient(M) alors
        L = L - M
    retour de faire(M.O)
```

Annexe B

Arguments de validation

B.1   Système de datation

B.1.1   Précédence causale directe

Nous exécutons une opération si la dernière de l'historique la précède causalement. Pour valider cette condition, notre estampille fournit une identification de l'opération du message (un compteur permettant la datation et un identifiant d'émetteur) et de l'opération précédente. L'intégrité de ce système de datation est garantie par deux compteurs d'annulation (un pour l'opération, l'autre pour l'opération précédente). Ils permettent de distinguer les opérations qui auraient la même identification (même compteur et même identifiant d'émetteur), cas possible suite à une annulation (voir section 6.4, page 67). Notre estampille permet ainsi de caractériser la précédence causale directe dont nous avons besoin.

B.1.2   Détection de la concurrence

La détection d'une opération simultanée se fait sur le compteur (s'il n'est pas supérieur à celui de la dernière opération de l'historique), sur la précédence causale directe décrite dans la section précédente et les priorités. Ainsi, on sait si l'opération appartient au passé, si elle est causalement liée à l'historique et si elle est prioritaire. Si ces trois conditions sont remplies, alors il s'agit d'une opération simultanée.

B.2   Gestion des conflits

B.2.1   Ordonnancement

L'ordonnancement de Coopeer est basé sur une classique liste d'attente. Si une opération n'est pas exécutée et qu'elle n'est pas considérée comme simultanée, alors elle est placée dans cette liste. Ensuite, la précédence causale directe est utilisée pour savoir si on peut la supprimer de la liste et l'exécuter.

B.2.2   Simultanéité

Le traitement d'une opération simultanéité se fait par annulation d'opérations. Le fait que l'émetteur de l'opération simultanée doit être de priorité supérieure garantit le fait que les opérations annulées ne devront pas être refaites.

B.2.3   Priorités

Le niveau de priorité d'un participant par rapport aux autres est unique et invariable. De plus, l'ensemble des niveaux de priorité est connu de tous, de façon identique. Il n'y a donc pas de confusion possible entre deux opérations simultanées.

B.3   Diffusion ordonnée

B.3.1   Introduction

Nous déclinons ici les propriétés de sûreté et de vivacité [43, 58, 1] pour notre diffusion ordonnée. La propriété de sûreté, selon laquelle rien de mal ne se produit, correspond au fait que les messages ne sont pas délivrés dans un ordre différent de celui de leur diffusion. La propriété de vivacité, selon laquelle quelque chose de bien peut arriver, correspond à une progression, au fait que l'on ne reste pas bloqué.

B.3.2   Propriété de sûreté

Si deux messages sont diffusés par une même machine, ils seront délivrés sur toutes les autres dans le même ordre (l'ordre de diffusion) :
- si ces messages sont reçus dans l'ordre de diffusion, ils seront délivrés selon cet ordre ;

– par contre, s'ils sont reçus dans l'ordre inverse, l'ordonnancement permettra d'obtenir leur livraison dans l'ordre de diffusion.

Si deux messages sont diffusés par des machines différentes, ils seront
délivrés sur toutes les autres dans le même ordre :
– si ces messages appartiennent au même historique (pas de simultanéité),
la précédence causale le garantit par le biais de l'ordonnancement ;
– si ce n'est pas le cas (s'il y a simultanéité), seulement l'un des deux
restera dans l'historique.

B.3.3   Propriété de vivacité

Tous les messages diffusés par une machine sont reçus par les autres. Ils
sont délivrés à la réception ou mis en attente pour une livraison éventuelle
ultérieure. En cas de simultanéité, l'opération du participant au niveau de
priorité le plus élevé est exécutée. Le travail peut ainsi progresser.

Annexe C

Versions originales

Cette annexe propose les versions originales des figures et des tableaux repris dans ce document et traduits de l'anglais vers le français.

	Same Time	**Different Times**
Same Place	Single User CAD	CAD with data management
Different Places	Collaborative Design	Distruted CAD

TABLE C.1 – *The use of CAD across time and space* [48, 20].

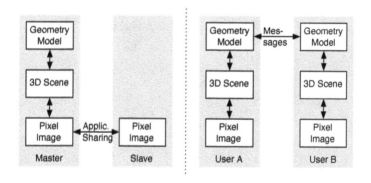

FIGURE C.1 – *Different approaches for a design conference* [18].

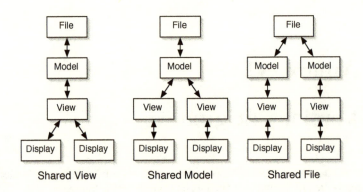

FIGURE C.2 – *Consistency via Shared State* [59].

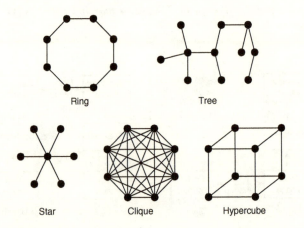

FIGURE C.3 – *Examples of frequently used topologies* [86].

Level of optimism	Can manipulate the object while waiting for its lock	Can release the changed object while waiting for its lock
Non-optimistic	No	No
Semi-optimistic	Yes	No
Optimistic	Yes	Yes

TABLE C.2 – *Levels of optimism for locking* [31].

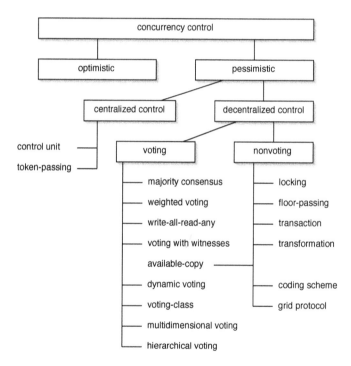

FIGURE C.4 – *Classification of concurrency control approaches* [9].

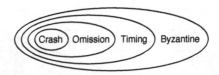

FIGURE C.5 – *Fault classification* [34].

Bibliographie

[1] ALPERN (B.) et SCHNEIDER (F. B.), « Defining Liveness », *Information Processing Letters*, vol. 21, n° 4, octobre 1985, p. 181-185.

[2] ANUPAM (V.) et BAJAJ (C.), « SHASTRA – An Architecture for Development of Collaboration Applications », *International Journal of Intelligent and Cooperative Information Systems*, 1994, p. 155-172.

[3] BABAOGLU (Ozalp) et MARZULLO (Keith), "Consistent Global States of Distributed Systems: Fundamental Concepts and Mechanisms", chapitre 4 de *Distributed Systems*, MULLENDER (Sape J.) (éditeur), Addison-Wesley, 1993.

[4] BAJAJ (C.), CUTCHIN (S.), MORGIA (C.), PAOLUZZI (A.) et PASCUCCI (V.), « Web Based Collaborative CAAD » (poster), *Fifth ACM Symposium on Solid Modeling and Applications*, Ann Arbor, Michigan, USA, juin 1999, p. 326-327.

[5] BELLISSARD (Luc), DE PALMA (Noël) et RIVEILL (Michel), « Dynamic Reconfiguration of Agent-Based Applications », *Eight ACM SIGOPS European Workshop*, Sintra, Portugal, septembre 1998.

[6] BIRMAN (Kenneth P.) et JOSEPH (Thomas A.), « Reliable Communication in the Presence of Failures », *ACM Transactions on Computer Systems*, vol. 5, n° 1, février 1987, p. 47-76.

[7] BIRMAN (Kenneth P.), SCHIPER (André) et STEPHENSON (Pat), « Lightweigt Causal and Atomic Group Multicast », *ACM Transactions on Computer Systems*, vol. 9, n° 3, août 1991, p. 272-314.

[8] BIRMAN (Kenneth P.), *Building Secure and Reliable Network Applications*, Prentice Hall, 1996, 512 p.

[9] BORGHOFF (Uwe M.) et SCHLICHTER (Johann), *Computer-Supported Cooperative Work – Introduction to Distributed Applications*, Springer, 2000, 529 p.

[10] CAPOYLEAS (Vasilis), XIANGPING (Chen) et HOFFMANN (Christoph M.), « Generic naming in generative constraint-based design », *Computer-Aided Design*, vol. 28, n° 1, janvier 1996, p. 17-26.

101

[11] CARLSSON (Christer) et HAGSAND (Olof), « DIVE – A Platform for Multi-user Virtual Environments », *Computers and Graphics*, vol. 17, n° 6, 1993, p. 663-669.

[12] CHAN (S.) et WONG (M.), « Collaborative Solid Modelling on the WWW », *Proceedings of the 1999 ACM Symposium on Applied Computing*, San Antonio, Texas, USA, mars 1999, p. 598-602.

[13] CHANG (E. J.) et ROBERTS (R.), « An Improved Algorithm for Decentralized Extrema-Finding in Circular Configurations of Processors », *Communications of the ACM*, vol. 22, n° 5, mai 1979, p. 281-283.

[14] CHANG (Jo-Mei) et MAXEMCHUK (Nicholas F.), « Reliable Broadcast Protocols », *ACM Transactions on Computer Systems*, vol. 2, n° 3, août 1984, p. 251-273.

[15] CHARRON-BOST (Bernadette), « Concerning the Size of Logical Clocks in Distributed Systems », *Information Processing Letters*, vol. 39, n° 1, juillet 1991, p. 11-16.

[16] CHERITON (David D.) et SKEEN (Dale), « Understanding the Limitations of Causally and Totally Ordered Communication », *Proceedings of the 14th ACM Symposium on Operating Systems Principles*, décembre 1993, p. 44-57.

[17] COSTANTINI (F.), SGAMBATO (A.), TOINARD (C.), CHEVASSUS (N.) et GAILLARD (F.), « An Internet Based Architecture Satisfying the Distributed Building Site Metaphor », *IRMA 2000 Multimedia Computing Track*, Anchorage, Alaska, mai 2000, p. 151-155.

[18] DIETRICH (U.), VON LUKAS (U.) et MORCHE (I.), « Cooperative modeling with TOBACO », *Proceedings of the TeamCAD '97 Workshop on Collaborative Design*, Atlanta, USA, mai 1997, p. 115-122.

[19] ELLIS (C.A.) et GIBBS (S.J.), « Concurrency Control in Groupware Systems », *Proceedings of the 19th ACM SIGMOD International Conference on Management of Data*, Seattle, USA, mai 1989, p. 399-407.

[20] ELLIS (C. A.), GIBBS (S. J.) et REIN (G. L.), "Groupware: Some Issues and Experiences", *Communications of the ACM*, vol. 34, n° 1, janvier 1991, p. 39-59.

[21] EZHILCHELVAN (P. D.), MACEDO (R. A.) et SHRIVASTAVA (S. K.), "Newtop: A Fault-Tolerant Group Communication Protocol", *The 15th International Conference on Distributed Computing Systems*, Vancouver, Canada, 1995, p. 296-306.

[22] FIDGE (Colin J.), « Timestamps in Message-Passing Systems that Preserve the Partial Ordering », *Australian Computer Science Communications*, vol. 10, n° 1, février 1988, p. 56-66.

[23] FIDGE (Colin J.), « Logical Time in Distributed Computing Systems », *IEEE Computer*, vol. 24, n° 8, août 1991, p. 28-33.

[24] FIDGE (Colin J.), « Fundamentals of Distributed System Observation », *IEEE Software*, novembre 1996, p. 77-83.

[25] FIDGE (Colin J.), « A Limitation of Vector Timestamps for Reconstructing Distributed Computations », *Information Processing Letters*, vol. 68, 1998, p. 87-91.

[26] FISCHER (Michael J.) et MICHAEL (Alan), « Sacrificing Serializability to Attain High Availability of Data in an Unreliable Network », *Proceedings of the ACM Symposium on Principles of Database Systems*, Los Angeles, California, USA, mars 1982, p. 70-75.

[27] GENESERETH (M. R.), « An Agent-Based Framework for Software Interoperation », *Proceedings of DARPA Software Technology*, 1992, p. 359-366.

[28] GIFFORD (David K.), « Weighted Voting for Replicated Data », *Proceedings of the Seventh Symposium on Operating System Principles*, Pacific Grove, California, USA, décembre 1979, p. 150-162.

[29] GISI (Mark A.) et SACCHI (Cristiano), "Co-CAD: A Collaborative Mechanical CAD System", *Presence*, vol. 3, n° 4, 1994, p. 341-350.

[30] GONDRAN (Michel) MINOUX (Michel), *Graphes et algorithmes*, troisième édition, Eyrolles, coll. de la Direction des Études et Recherches d'Électricité de France, 1995, 546 p.

[31] GREENBERG (Saul) et MARWOOD (David), "Real Time Groupware as a Distributed System: Concurrency Control and its Effect on the Interface", *Proceedings of the Fifth ACM Conference on Computer Supported Cooperative Work*, Chapel Hill, Caroline du Nord, USA, octobre 1994, p 207-217.

[32] HUMMES (Jakob) et Bernard MERIALDO (Bernard), « Design of extensible component-based groupware », *Computer Supported Cooperative Work*, vol. 9, n° 1, 2000, p. 53-74.

[33] ISMAIL (Leila) et HAGIMONT (Daniel), « Spécialisation de serveurs par des agents mobiles », *Colloque International sur les Nouvelles Technologies de l'Information*, Montréal, Canada, novembre 1998.

[34] JALOTE (P.), *Fault Tolerance in Distributed Systems*, Prentice Hall, 1994, 432 p.

[35] KAASHOEK (M. Frans), TANENBAUM (Andrew S.), HUMMEL (Susan Flynn) et BAL (Henri E.), « An Efficient Reliable Broadcast Protocol », *Operating Systems Review*, vol. 23, n° 4, octobre 1989, p. 5-19.

[36] KANAWATI (Rushed), "LICRA: A Replicated-Data Management Algorithm for Distributed Synchronous Groupware Applications", *Parallel Computing*, vol. 22, 1997, p. 1733-1746.

[37] KANAWATI (Rushed), *Construction de collecticiels, étude des architectures logicielles et de fonctions de contrôle*, thèse de doctorat présentée à l'Institut National Polytechnique de Grenoble, novembre 1997, 171 p.

[38] KAO (Y. C.) et LIN (G. C.), « CAD/CAM Collaboration and Remote Machining », *Computer Integrated Manufacturing Systems*, vol. 9, n° 3, 1996, p. 149-160.

[39] KARSENTY (Alain) et BEAUDOUIN-LAFON (Michel), « An Algorithm for Distributed Groupware Applications », *Proceedings of the 13th International Conference on Distributed Computing Systems*, Pittsburgh, USA, mai 1993.

[40] KARSENTY (Alain), TRONCHE (Christophe) et BEAUDOUIN-LAFON (Michel), "GroupDesign: Shared Editing in a Heterogeneous Environment", *Usenix Journal of Computing Systems*, vol. 6, n° 2, 1993, p. 167-195.

[41] KRAKOWIAK (Sacha), « Principes et mécanismes de la répartition », chapitre 4 de *Construction des systèmes d'exploitation répartis*, BALTER (Roland), BANÂTRE (Jean-Pierre) et KRAKOWIAK (Sacha) (éditeurs), INRIA, coll. Didactique, 1991.

[42] KRIPAC (Jiri), « A mechanism for persistently naming topological entities in history-based parametric solid models », *Computer-Aided Design*, vol. 29, n° 2, février 1997, p. 113-122.

[43] LAMPORT (Leslie). « Proving the Correctness of Multiprocess Programs », *IEEE Transactions on Software Engineering*, vol. 3, n° 2, mars 1977, p. 125-143.

[44] LAMPORT (Leslie), « Time, Clocks, and the Ordering of Events in a Distributed System », *Communications of the ACM*, vol. 21, n° 7, juillet 1978, p. 558-565.

[45] LEE (Jae Yeol), HAN (Sung Bae), KIM (Hyun) et PARK (Sang Bong), « Network-Centric Feature-Based Modeling », *Seventh Pacific Conference on Computer Graphics and Applications* (Pacific Graphics '99), Seoul, Corée, october 1999.

[46] LYNCH (Nancy A.), *Distributed Algorithms*, Morgan Kaufmann, 1996, 872 p.

[47] MAEKAWA (M.), « A $\sqrt{N}$ Algorithm for Mutual Exclusion in Decentralized Systems », *ACM Transactions on Computer Systems*, vol. 3, n° 2, mai 1985, p. 145-159.

[48] MAHER (M. L.) et RUTHERFORD (J. H.), « A Model for Synchronous Collaborative Design Using CAD and Database Management », *Research in Engineering Design*, vol. 9, 1997, p. 85-98.

[49] MATTERN (Friedemann), « Algorithms for Distributed Termination Detection », *Distributed Computing*, vol. 2, n° 3, 1987, p. 161-175.

[50] MATTERN (Friedemann), « Virtual Time and Global States of Distributed Systems », *Proceedings of the International Workshop on Parallel and Distributed Algorithms*, Château de Bonas, France, octobre 1988, p. 215-226.

[51] MATTERN (Friedemann), « Logical Time », *Encyclopedia of Distributed Computing*, DASGUPTA (P.) et URBAN (J.) (éditeurs), Kluwer, 1999.

[52] MAXFIELD (John), « A Distributed Virtual Environment for Collaborative Engineering », *Presence*, vol. 7, n° 3, juin 1998, p. 241-261.

[53] MCFARLANE (G. M.), « Xmux – A System for Computer Supported Collaborative Work », *Proceedings of the First Australian Multimedia Communications Applications and Technology Workshop*, Sydney, Australie, 1991, p. 12-28.

[54] MISRA (J.), « Detecting Termination of Distributed Computations Using Markers », *Proceedings of the Second ACM Symposium on Principles of Distributed Algorithms*, Montreal, Canada, août 1983, p. 290-294.

[55] NAÏMI (Mohamed) et TREHEL (Michel), « An Improvement of the Log(n) Distributed Algorithm for Mutual Exclusion », *Proceedings of the Seventh International Conference on Distributed Computing*, 1987, p. 371-375.

[56] NAM (Tek-Jin) et WRIGHT (David K.), "CollIDE: A Shared 3D Workspace for CAD", *Proceedings of the Fourth EATA International Conference on Networking Entities*, Leeds, Royaume-Uni, octobre 1998.

[57] NAM (Tek-Jin) et WRIGHT (David K.), "The Development and Evaluation of Syco3D: A Real-Time Collaborative 3D CAD System", *Design Studies*, vol. 22, n° 6, novembre 2001, p. 557-582.

[58] OWICKI (Susan S.) et LAMPORT (Leslie), « Proving Liveness Proper-
     ties of Concurrent Programs », *ACM Transactions on Programming
     Languages and Systems*, vol. 4, n° 3, juillet 1982, p. 455-495.

[59] PATTERSON (J. F.), « A Taxonomy of Architectures for Synchronous
     Groupware Applications », *ACM SIGOIS Bulletin*, vol. 15, n° 3, avril
     1995, p. 27-29.

[60] PETERSON (Larry L.), BUCHHOLZ (Nick C.) et SCHLICHTING (Ri-
     chard D.), « Preserving and Using Context Information in Interpro-
     cess Communication », *ACM Transactions on Computer Systems*,
     vol. 7, n° 3, août 1989, p. 217-246.

[61] PRAKASH (Ravi), RAYNAL (Michel) et SINGHAL (Mukesh), « An Ef-
     ficient Causal Ordering Algorithm for Mobile Computing Environ-
     ments », *Proceedings of the 16th International Conference on Distri-
     buted Computing Systems*, Hong Kong, mai 1996, p. 744-751.

[62] RAYMOND (Kerry), « A Tree-Based Algorithm for Distributed Mu-
     tual Exclusion », *ACM Transactions on Computer Systems*, vol. 7,
     n° 1, février 1989, p. 61-77.

[63] RAYNAL (Michel), "Order Notions and Atomic Multicast in Dis-
     tributed Systems: A short survey", *Proceedings of the Second IEEE
     Workshop on Future Trends of Distributed Computing Systems*, Le
     Caire, Égypte, septembre 1990, p. 420-426.

[64] RAYNAL (Michel), *La communication et le temps dans les réseaux
     et les systèmes répartis*, Eyrolles, coll. de la Direction des Études et
     Recherches d'Électricité de France, 1991, 230 p.

[65] RAYNAL (Michel), SCHIPER (André) et TOUEG (Sam), « The Causal
     Ordering Abstraction and a Simple Way to Implement It », *Informa-
     tion Processing Letters*, vol. 39, n° 6, 1991, p. 343-350.

[66] RAYNAL (Michel), « Concepts et problèmes de l'algorithmique répar-
     tie », *AFCET 93*, Versailles, France, juin 1993.

[67] RAYNAL (Michel) et SINGHAL (Mukesh), "Logical Time: A Way to
     Capture Causality in Distributed Systems", *IEEE Computer*, vol. 29,
     n° 2, 1996, p. 49-57.

[68] RAYNAL (Michel), SCHIPER (André), « A Suite of Formal Definitions
     for Consistency Criteria in Distributed Shared Memories », *Procee-
     dings of International Conference on Parallel and Distributed Com-
     puting*, Dijon, France, 1996, p. 125-130.

[69] RAYNAL (Michel), « Simple Vector Clocks are Limited to Solve some
     Causality-Related Problems », *Proceedings of the Third International*

Symposium On Principles Of Distributed Systems, Hanoi, Vietnam, octobre 1999, p. 195-206.

[70] RICART (Glenn) et AGRAWALA (A. K.), « An Optimal Algorithm for Mutual Exclusion in Computer Networks », *Communications of the ACM*, vol. 24, n° 1, janvier 1981, p. 9-17.

[71] ROSEMAN (Mark), GREENBERG (Saul), "GroupKit: A Groupware Toolkit for Building Real-Time Conferencing Applications", *Proceedings of the ACM Conference on Computer Supported Cooperative Work*, Toronto, Ontario, USA, 1992, p. 43-50.

[72] RUGET (Frédéric), « Cheaper Matrix Clocks », *Proceedings of the Eight International Workshop on Distributed Algorithms*, Terschelling, Pays-Bas, septembre 1994, p. 355-369.

[73] SARIN (Sunil) et GREIF (Irene), « Computer-Based Real-Time Conferencing Systems », *IEEE Computer*, vol. 18, n° 10, octobre 1985, p. 33-45.

[74] SARIN (Sunil) et LYNCH (Nancy), « Discarding obsolete information in a replicated database system », *IEEE Transactions on Software Engineering*, vol. 13, n° 1, 1987, p. 39-47.

[75] SCHIPER (André), EGGLI (Jorge) et SANDOZ (Alain), « A New Algorithm to Implement Causal Ordering », *Proceedings of the Third International Workshop on Distributed Algorithms*, Nice, France, septembre 1989, p. 219-232.

[76] SHU (Li) et FLOWERS (Woodie), "Teledesign: Groupware User Experiments in Three-Dimensional Computer-Aided Design", *Collaborative Computing*, vol. 1, 1994, p. 1-14.

[77] STEFIK (M.), BORROW (D. G.), FOSTER (G.), LANNING (S.) et TATAR D., "WYSIWIS Revised: Early Experiences with Multiuser Interfaces", *ACM Transactions on Office Information Systems*, vol. 5, n° 2, 1987, p. 147-167.

[78] STENIUS (Mårten), *Collaborative Modelling in Virtual Environments - The Development and Evaluation of a Multi-User Modeller*, Master's Thesis, Royal Institute of Technology (KTH), Stockholm, Sweden, 1996, 47 p.

[79] STORK (A.) et JASNOCH (U.), « A Collaborative Engineering Environment », *Proceedings of the TeamCAD '97 Workshop on Collaborative Design*, Atlanta, USA, mai 1997, p. 25-33.

[80] STORK (A.), VON LUKAS (U.) et SCHULTZ (R.), « Enhancing a Commercial 3D CAD System by CSCW Functionality for Enabling Co-

operative Modelling via WAN », *Proceedings of the ASME Design Engineering Technical Conferences*, Atlanta, USA, septembre 1998.

[81] SULEIMAN (Maher), CART (Michèle) et FERRIÉ (Jean), « Concurrent Operations in a Distributed and Mobile Collaborative Environment », *Proceedings of the 14ᵗʰ International Conference on Data Engineering*, Orlando, Florida, USA, février 1998, p. 36-45.

[82] SULEIMAN (Maher), *Sérialisation des opérations concurrentes dans les systèmes collaboratifs répartis*, thèse de doctorat présentée à l'Université de Montpellier II, 1998, 180 p.

[83] SUN (Chengzheng), JIA (Xiahua), ZHANG (Yanchun) et YANG (Yun), « A Generic Operation Transformation Scheme for Consistency Maintenance in Real-time Cooperative Editing Systems », *Proceedings of International ACM Conference on Supporting Group Work*, Phoenix, Arizona, USA, novembre 1997, p. 425-434.

[84] SUN (Chengzheng) et CHEN (David), « A Multi-Version Approach to Conflict Resolution in Distributed Groupware Systems », *Proceedings of the 20ᵗʰ IEEE International Conference on Distributed Computing Systems*, Taipei, Taiwan, avril 2000, p. 316-325.

[85] SCHWARZ (Reinhard) et MATTERN (Friedemann), "Detecting Causal Relationships in Distributed Computations: In Search of the Holy Grail", *Distributed Computing*, vol. 7, n° 3, 1994, p. 149-174.

[86] TEL (Gerard), *Introduction to Distributed Algorithms*, seconde édition, Cambridge University Press, 2000, 596 p.

[87] TOINARD (Christian), "CTOP : un service de diffusion ordonnée causalement et totalement fonctionnant sur Internet", *Troisième colloque international sur les nouvelles technologies de la répartition*, Paris, France, novembre 2000.

[88] TORGUET (P.), CAUBET (R.), « VIPER (VIrtuality Programming EnviRonment) – A Virtual Reality Applications Design Platform », *Second Eurographics Workshop on Virtual Environments*, Monaco, fanvier-février 1995.

[89] TORGUET (P.), RUBIO (F.) et CAUBET (R.), « Atelier de sculpture virtuelle multi-utilisateurs », *Septièmes journées sur l'ingénierie de l'Interaction Homme-Machine*, Toulouse, France, octobre 1995.

[90] VAN DEN BERG (E.), *Web-based collaborative modelling with Spiff*, MSc Thesis, Delft University of Technology, 2000, 52 p.

[91] VAN DEN BERG (E.), BIDARRA (R.) et BRONSVOORT (W. F.), « Web-based Interaction on Feature Models », *Proceedings of the Sev-*

enth IFIP WG 5.2 Workshop on Geometric Modelling: Fundamentals and Applications, Parme, Italie, octobre 2000, p. 113-123.

[92] VON LUKAS (Uwe), « Synchronous Tools for Concurrent Engineering Based on CORBA », *Sixth European Concurrent Engineering Conference*, Erlangen-Nuremberg, Allemagne, 1999, p. 223-227.

[93] WU (Junjun), ZHANG (Tianbing), ZHANG (Xinfang) et ZHOU (Ji), « A Face Based Mechanism for Naming, Recording and Retrieving Topological Entities », *Computer-Aided Design*, vol. 22, n° 10, septembre 2001, p. 687-698.

[94] Wuu (Gene T. J.) et Bernstein (Arthur J.), « Efficient Solutions to the Replicated Log and Dictionary Problems », *Proceedings of the Third ACM Symposium on PODC*, Vancouver, Canada, 1984, p. 233-242.

BREVETS

[95] CHARTIER (Valentin) et DELAPLACE (François), *Cell Descriptor*, brevet publié aux USA (US20020180735), en Europe (EP1244062), au Japon (JP2002297680) et au Canada (CA2371622).

[96] CHARTIER (Valentin) et ESPOSITO (Nicolas), *Collaborative Design*, brevet publié aux USA (US2002183878), en Europe (EP1271412), au Japon (JP2003099470) et au Canada (CA2386272).

[97] ESPOSITO (Nicolas), *Conflict Resolution for Collaborative Work System*, brevet publié aux USA (US2003115268), en Europe (EP1326184), au Japon (JP2003303179) et au Canada (CA2413615).

Index

ÉDITIONS
UNIVERSITAIRES
EUROPÉENNES

Une maison d'édition scientifique

vous propose

la publication gratuite

de vos articles, de vos travaux de fin d'études, de vos mémoires de master, de vos thèses ainsi que de vos monographies scientifiques.

Vous êtes l'auteur d'une thèse exigeante sur le plan du contenu comme de la forme et vous êtes intéressé par l'édition rémunérée de vos travaux? Alors envoyez-nous un email avec quelques informations sur vous et vos recherches à: info@editions-ue.com.

Notre service d'édition vous contactera dans les plus brefs délais.

Éditions universitaires européennes
est une marque déposée de
Südwestdeutscher Verlag für
Hochschulschriften GmbH & Co. KG
Dudweiler Landstraße 99
66123 Sarrebruck
Allemagne

Téléphone : +49 (0) 681 37 20 271-1
Fax : +49 (0) 681 37 20 271-0
Email : info[at]editions-ue.com
www.editions-ue.com

www.ingramcontent.com/pod-product-compliance
Lightning Source LLC
LaVergne TN
LVHW042338060326
832902LV00006B/249